中等职业学校物流服务与管理专业教学用书

物流管理概论

第3版

主　编　何俊梅
副主编　李　杰　黄春柳
参　编　张　蕊　黄　伟　孙　静　曾　晖
主　审　陈　均

机械工业出版社

本书是中等职业学校物流服务与管理专业的基础课程教材，内容包括物流概述，客户服务，仓储管理，运输管理，配送管理，包装、搬运装卸和流通加工，物流信息管理，供应链管理，现代物流与电子商务。

本书可作为中等职业学校物流服务与管理专业的教材，也可供从事职业培训、物流企业管理的人员学习参考。

图书在版编目（CIP）数据

物流管理概论/何俊梅主编. —3版. —北京：机械工业出版社，2016.1（2023.8重印）
中等职业学校物流服务与管理专业教学用书
ISBN 978-7-111-52529-5

Ⅰ.①物… Ⅱ.①何… Ⅲ.①物流-物资管理-中等专业学校-教材 Ⅳ.①F252

中国版本图书馆CIP数据核字（2015）第308249号

机械工业出版社（北京市百万庄大街22号 邮政编码100037）
策划编辑：朱 华 周晓伟 责任编辑：周晓伟
责任校对：张 力 封面设计：陈 沛
责任印制：邓 博
北京盛通商印快线网络科技有限公司印刷
2023年8月第3版第4次印刷
184mm×260mm · 9印张 · 206千字
标准书号：ISBN 978-7-111-52529-5
定价：29.80元

电话服务
客服电话：010-88361066
010-88379833
010-68326294

网络服务
机 工 官 网：www.cmpbook.com
机 工 官 博：weibo.com/cmp1952
金 书 网：www.golden-book.com
机工教育服务网：www.cmpedu.com

中等职业学校物流服务与管理专业教学用书
编审委员会

前言

中等职业学校物流服务与管理专业教学用书自2004年出版以来，经过2008年修订，内容不断充实和完善，深受广大师生和业界读者的欢迎，取得了较好的社会效益。

在本套教材多年的使用、实践过程中，我们对物流企业的岗位技能要求及用人需要做了深入的调查和了解，广泛收集了各院校和读者对本套教材的反馈意见和建议，深感有必要在新形势下对本套教材从结构到内容方面进行调整和修订，以使本套教材更能适应物流行业对人才的实际要求，更方便广大师生使用，也更适合职业院校学生的培养目标和教学特点。

于是，在第2版的基础上，我们充分借鉴和吸收国内外物流学的基本理论和最新研究成果，对本套教材做了新的全面的修订。修订后的教材密切结合我国物流业的发展与物流职业教育的实际，充分体现"以学生为主体""以能力为本位"和"以就业为导向"的理念；按照人才培养目标与物流服务岗位群能力培养的要求，参照物流职业资格标准，突出岗位能力和职业素质培养；淡化专业基础、专业理论与专业实训内容的界限，按照物流服务活动相关流程工作岗位的要求重组课程体系和课程内容；在课程内容设计上，依据物流技术标准和物流工作岗位所需掌握的知识、技能、素质，制订全新的课程标准和教材内容。

同时，在每个单元前面增设"知识目标"和"技能目标"，使读者能简明扼要地了解需要掌握的知识点和应该学会的技能；在进入新内容之前有"案例导入"或"问题导入"作铺垫，增强了教材的趣味性。每个单元后增加了"技能训练"，包括任务描述、任务准备、任务目的、任务实施、任务评价、任务小结、任务拓展。通过完成任务，学生可将所学的知识融入到实践中去，做到学以致用，以增强实际工作的能力。

《物流管理概论》第3版由何俊梅主编和统校，陈均主审。编写分工为：李杰负责单元一、单元六、单元九；孙静负责单元二；何俊梅负责单元三；黄春柳负责单元四；张蕊负责单元五、单元八；黄伟、曾晖负责单元七。

本套教材在编写过程中，参考和引用了许多专家和学者的研究成果，在此谨对这些专家和学者们表示衷心的感谢。如果有些资料的引用由于疏忽未注明出处，编者在此谨表歉意。

由于编者水平有限，书中难免有不妥之处，敬请广大专家和读者批评指正。

编　者

目 录

单元一　物流概述

知识目标

1. 了解物流的含义和基本职能。
2. 了解物流管理的含义和内容。
3. 了解物流企业与物流产业。

技能目标

- 质量要求：能很好地理解物流及物流管理。
- 方法要求：了解物流基本工作方法。
- 安全要求：了解并遵守物流企业的安全生产规则。
- 文明要求：能按照学习现场管理规章要求实施活动，自觉合作完成任务。
- 任务完成时间要求：6学时。

问题导入

什么是物流？

物流是搬箱子的工作吗？

课题一　物流与物流管理

一、物流的含义及起源

物流概念最初起源于美国，其内涵是实物配送，是企业、销售商自身的运输、仓储、包装等活动。第二次世界大战期间，美军后勤组织运用了一套科学方法，成功地将各种军用物资及时准确地送至全球各地，为美军实施全球化战略提供了保障，这套方法在军事上被称为"Logistics"（后勤）。战后，这套后勤供给的方法经改进，运用在企业的采购、生产与销售的业务流程中，并取得了巨大的经济效益。PD（Physical Distribution）的概念也逐渐被"Logistics"取代，"Logistics"最终成为物流的代名词。

我国引入"物流"这个概念是在20世纪70年代，在90年代后才广泛运用。2006年公布的中华人民共和国国家标准《物流术语》（GB/T 18354—2006）中明确指出，物流就是"物品从供应地向接受地的实体流动过程，根据实际需要，将运输、储存、装卸、搬运、包装、流通加工、配送、信息处理等基本功能实施有机结合"。

现在，物流已成为企业经营战略的一个重要组成部分，将物流活动作为一个系统整体加以管理和运行，已从对活动的概述和总结上升到以实现顾客满意为第一目标，以企业整体效益最优化为目的，运用现代技术，对商品运动进行高效的一体化管理层次。

二、物流管理的含义

物流一词从“Physical Distribution”发展到“Logistics”意味着物流本身的概念已经从对活动的概述和总结上升到管理学的层次。所谓物流管理是指为达到既定的目标，对物流的全过程进行计划、组织、协调与控制。

实施物流管理的目的就是要在尽可能最低的总成本条件下实现既定的客户服务水平，即寻求服务优势和成本优势的一种动态平衡，并由此创造企业在竞争中的战略优势。根据这个目标，物流管理要解决的基本问题，简单地说，就是把合适的产品以合适的数量和合适的价格在合适的时间和合适的地点提供给客户。

三、物流理念

物流理念就是对物流最根本的思考方法，通常包括系统化、信息化、服务性、专业化、标准化、合理化等方面。这些理念从不同方向、不同层次诠释了现代物流的特征。

1. 物流系统化

现代物流一般包含产品的整个物理性流通过程，即从物质生产、分配、交换一直到消费、废弃的全过程。它具有运输、储存、包装、装卸搬运、配送、流通加工、信息处理等诸环节。由于物流存在明显的效益背反，所以，不能追求每个环节效益最大、成本最小，必须以系统化的理念，运用系统学原理进行规划、设计、组织实施，从而以整体上最小的成本取得整体上最大的效益，并使物流各环节协调运作，充分发挥系统功效，逐步实现物流合理化。

知识链接

效益背反

“效益背反”是物流领域中很普遍的现象，指的是物流的若干功能要素之间存在着损益的矛盾，某一个功能要素的优化和利益发生的同时，必然会存在另一个或另几个功能要素的利益损失，反之亦然。这是一种此长彼消、此盈彼亏的现象。例如，包装问题，在产品销售市场和销售价格皆不变的前提下，假定其他成本因素也不变，那么包装方面每少花一分钱，这一分钱就必然转到收益上来，包装越省，利润则越高。但是，一旦商品流通之后，简省的包装就会降低产品防护效果，从而造成大量损失，并在储存、装卸、运输功能要素方面造成工作劣化和效益减少。显然，包装活动的效益是以其他的损失为代价的；反之，过度强化的包装，虽然会减少产品损失，但同时也会加大包装的费用。

2. 物流信息化

社会生产和科学技术的发展使现代信息技术迅速进入了物流领域，这些信息技术在物流领域的运用，使物流的作用领域更加广泛，并大大加强了物流的功能和作用。例如，条形码技术在物流领域的运用，就大大提高了物流工作效率。长春烟草物流中心运用以条形码技术为核心的自动分拣系统后，物流工作效率大幅提高，配送差错率大幅降低。系统分拣能力由原来的每条分拣线每小时分拣3000条卷烟，提高到现在的5000条，工人每班的工作时间减少了1.5～2h。

物流企业的信息化是物流企业运用现代信息技术对物流过程中的信息进行识别、采集、分类、传递等一系列处理活动，以便实现对货物流动过程的控制，从而达到降低成本、提高效益的管理目的。物流信息化是现代物流的灵魂，是现代物流发展的必然要求和基石。

3. 物流的服务性

物流管理的目的是满足客户的需求，在此基础上达到物流企业与客户的双赢，因此物流的服务水平实际上就成了企业实力的一种体现。而随着社会经济的发展，客户对物流企业的服务要求呈现多方面发展的趋势。因此，如何更好地满足客户不断提出的服务要求，始终是物流管理的中心问题。

注重物流服务的同时，应同时注意到物流的服务性与效益背反的情况：物流企业提供的服务项目越多，服务质量越高，客户就越满意，但同时物流费用也相应增大。因此，物流企业必须综合考虑多方面因素，在物流服务与物流效益之间取得最佳的平衡点。

知识检验

一、选择题

1. 物流起源于（ ）。

A. 日本　B. 美国　C. 中国　D. 英国

2. 物流的理念有（ ）。

A. 专业化　B. 系统化　C. 信息化　D. 服务性

二、简答题

简述物流管理的目的。

课题二 物流的分类

在社会经济领域中物流活动无处不在。从不同领域来看物流，虽然基本要素都存在而且相同，但由于角度的不同，可以将物流分为不同的类型。

一、按物流系统性质分类

1）企业物流：企业物流是指生产和流通企业围绕其经营活动所发生的物流活动。

2）行业物流：行业物流是指超出一家企业但又在同一行业内运行的物流。

3）社会物流：社会物流是指超越一家一户和一种行业，面向社会的物流活动。

二、按物流在企业经济活动中的作用分类

1）供应物流：供应物流是指提供原材料、零部件或其他物料时所发生的物流活动。

2）生产物流：生产物流是指企业生产过程中发生的涉及原材料、在制品、半成品、产成品等所进行的物流活动。

3）销售物流：销售物流是指企业出售商品过程中所发生的物流活动。

4）回收物流：回收物流是指退货、返修物品和周转使用的包装容器等从需方返回供方所引发的物流活动。

5）废弃物物流：废弃物物流是指将经济活动或人民生活中失去原有使用价值的物品，根据实际需要进行收集、分类、加工、包装、搬运、储存等，并分送到专门处理场所的物流活动。图1-1和图1-2分别是可回收废弃物和不可回收废弃物的标志。

图1-1　可回收废弃物标志

图1-2　不可回收废弃物标志

三、按物流活动的主体分类

1）第一方物流：第一方物流是指供应商销售其产品而进行的物流活动。

2）第二方物流：第二方物流是指用户从供应商处购进各种货物而形成的物流。

3）第三方物流：第三方物流是指独立于供需双方，为客户提供专项或全面的物流系统设计或系统运营的物流服务模式。第三方物流企业是专业性的物流公司，在整合各种资源的基础上，为客户提供包括问题诊断、设计规划和具体物流业务运作等综合物流服务。

四、按物流活动的空间范围分类

1）地区物流：地区物流是指地区局部范围内的物流活动，如上海物流、广西物流等。地区物流应根据地区的特点，从本地区发展物流的优势、机会、挑战出发，组织好物流活动。

2）国内物流：国内物流是指全国范围的物流活动。物流业已成为国民经济的一个重要行业，国家在物流现代化的推进过程中主要发挥行政调控作用，提供私人不愿投资，实际又非常需要的公共产品，如制定各种物流方面的政策法规，确定物流活动的操作标准，投资物流基础设施等。

3）国际物流：国际物流是跨越不同国家（地区）之间的物流活动。国际物流是国际贸易的重要组成部分，各国之间的相互贸易最终是通过国际物流来实现的，任何一个国家如果不参与国际经济大协作的交流，它的经济就得不到良好的发展。

知识检验

一、填空题

按物流活动的主体分，可以将物流分为第一方物流、________、________。

二、选择题

按物流在企业经济活动中的作用分类可将物流分为（　　）。

A. 供应物流　　B. 生产物流　　C. 废弃物物流　　D. 国际物流

三、简答题

简述现代物流的分类方法。

课题三 物流产业与物流企业

一、物流产业概述

物流产业是指以物流活动或各种物流支援活动为经营内容的营利性事业，但不等同于物流活动或是物流业务。物流产业是专业化与社会化的物流活动或物流业务，它的事业内容是组织与组织之间的有关物流或者各种物流支援活动的交易活动，而不是组织内部的物流活动或物流业务。例如，不论是生产企业还是流通企业，都存在大量的物流活动或物流业务，但是这些物流活动或物流业务本身不是物流产业，只有将这些物流活动或物流业务独立化、社会化为一种经营业务，才能称其为物流产业。

二、物流企业概述与物流企业类型

1. 物流企业概述

物流企业是指从事物流活动的经济组织，至少从事运输（含运输代理、货物快递）或仓储一种经营业务，并能够按照客户物流需求对运输、储存、装卸、包装、流通加工、配送等基本功能进行组织和管理，具有与自身业务相适应的信息管理系统，实行独立核算、独立承担民事责任的经济组织。

物流企业是以物流活动或物流支援活动为事业内容的经营个体，也是物流产业的主体，而物流产业是物流企业的集合，即一组物流企业群；物流企业是微观概念，物流产业是宏观概念。

2. 物流企业类型

（1）运输型物流企业　运输型物流企业应同时符合以下要求：

1）以从事货物运输业务为主，包括货物快递服务或运输代理服务，具备一定规模。

2）可以提供门到门运输服务、门到站运输服务、站到门运输服务、站到站运输服务和其他物流服务。

3）企业自有一定数量的运输设备。

4）具备网络化信息服务功能，应用信息系统可对运输货场进行状态查询和监控。

（2）仓储型物流企业　仓储型物流企业应同时符合以下要求：

1）以从事仓储业务为主，为客户提供货物储存、保管、中转等仓储服务，具备一定规模。

2）企业能为客户提供配送服务，以及商品经销、流通加工等其他服务。

3）企业自有一定规模的仓储设施、设备，自有或租用必要的货运车辆。

4）具备网络化信息服务功能，应用信息系统可对货物进行状态查询和监控。

（3）综合服务型物流企业　综合服务型物流企业应同时符合以下要求：

1）从事多种物流服务业务，可以为客户提供运输、货运代理、仓储、配送等多种物流服务，具备一定规模。

2）根据客户的需求，为客户制订整合物流资源的运作方案，为客户提供契约性的综合物流服务。

3）按照业务要求，企业自有或租用必要的运输设备、仓储设施及设备。

4）企业具有一定运营范围的货物集散、分拨网络。

5）企业配置专门的机构和人员，建立完备的客户服务体系，能及时、有效地向客户提供服务。

6）具备网络化信息服务功能，应用信息系统可对物流服务全过程进行状态查询和监控。

知识检验

一、填空题

1. 物流产业是指以__________或__________为经营内容的营利性事业。

2. 物流产业的主体是__________。

二、简答题

综合服务型物流企业的要求有哪些？

课题四　技能训练

任务描述

调查当地的物流企业，谈谈当地的物流企业有哪些，有什么工作岗位，是什么类型的，公司的经营理念是什么。

任务目的

考核学生对物流企业的了解程度。

任务实施

调查当地的物流企业，填写任务书。

任务书

学生姓名：__________

物流企业名称：__________

一、物流企业概况

1. 企业业务范围有哪些？

2. 企业的经营理念是什么？

3. 企业的工作岗位有哪些？

4. 企业的类型为（　）。

A. 运输型企业　　B. 仓储型企业　　C. 综合服务型企业

（续）

5. 企业的规模（　　）。

A. 企业人数在 50 人以下　　B. 企业人数在 50～100 人

C. 企业人数在 100～200 人　　D. 企业人数在 200 人以上

二、采访一位物流企业中的基层领导

1. 受访人的职位：________

2. 什么样的员工最受企业欢迎？

（1）素质方面

（2）技能方面

3. 新员工进入公司后最需要提升的方面有哪些？

（1）素质方面

（2）技能方面

三、访后感

谈谈参观物流企业之后的感想及自身努力的方向。

任务评价

项目（或任务）编号			学时			学生姓名		总分	
类别	序号	评价项目	评价内容及要求	评价标准	配分	学生自评	学生互评	教师评价	得分
岗位技能评价	1	任务书完成程度	能够完成任务书	不能完成无分	30				
	2	运用知识能力	能够准确填写任务书	不能准确填写无分，能准确填写一部分减分	30				
	3	完成时间	能够按时完成任务	不按时完成无分	10				
职业素质评价	4	安全生产	遵守企业安全操作规程	不遵守有关规定减分	10				
	5	文明生产	遵守实训室文明生产规则	不遵守有关规定减分	10				
	6	沟通交流	积极主动性强	不积极沟通减分	5				
	7	团队合作	合作参与意识好	合作不好减分	5				

注：按学生自评占 20%、学生互评占 30%、教师评价占 50% 计算总分。

任务小结

授课班级		授课时间		授课地点	
授课教师			任务名称		
学生表现					
存在问题及改进方法措施					

任务拓展

沃尔玛与物流

20世纪50年代末，当第一颗人造卫星上天的时候，全世界商业对现代通信技术还无人问津，直至70年代沃尔玛率先使用了卫星通信系统。21世纪初，沃尔玛又投资上亿美元开始实施“互联网统一标准平台”的建设。凭借先发优势、科技实力，沃尔玛的店铺冲出阿肯色州，遍及美国，走向世界。由此可见，与其说它是零售企业，不如说它是物流企业。

一、强大的信息技术和后勤保障体系是沃尔玛成功的基石

沃尔玛领先于竞争对手，先行对零售信息系统进行了非常积极的投资：最早使用计算机跟踪存货（1969年），全面实现S. K. U. 单品级库存控制（1974年），最早使用条形码（1980年），最早使用CM品类管理软件（1984年），最早采用EDI（1985年），最早使用无线扫描枪（1988年），最早与宝洁公司（Procter&Gamble）等大供应商实现VMI-ECR产销合作（1989年）。在信息技术的支持下，沃尔玛能够以最低的成本、最优质的服务、最快速的管理反应进行全球运作。尽管信息技术并不是沃尔玛取得成功的充分条件，但它却是沃尔玛成功的必要条件。这些投资都使得沃尔玛可以显著降低成本，大幅提高资本生产率和劳动生产率。

二、通过信息流对物流整合、优化和及时处理，实现成本控制

沃尔玛在美国本土已建立62个配送中心，整个公司销售商品的85%由这些配送中心供应，而其竞争对手只有50%~65%的商品采取集中配送。沃尔玛完整的物流系统号称“第二方物流”，相对独立运作，不仅包括配送中心，还有更为复杂的资料输入采购系统、自动补货系统等。其配送中心的平均面积约10万m^2，全部自动化作业，现场作业场面就像大型工厂一样蔚为壮观。

沃尔玛要求所购买的商品必须带有UPC/EAN条形码，从工厂运货回来，卡车将停在配送中心收货处的数十个门口，把货箱放在高速运转的传送带上，在传送过程中经过一系列的激光扫描，读取货箱上的条形码信息。而门店需求的商品被传送到配送中心的另一端，那里有几十辆货车在等着送货。其十多公里长的传送带作业就这样完成了复杂的商品组合。其高效的计算机控制系统，使整个配送中心用人极少。数据的收集、存储和处理系统成为沃尔玛控制商品及其物流的强大武器。

全球4700多个店铺的销售、订货、库存情况可以随时调出查问。公司5500辆运输卡车，全部装备了卫星定位系统，每辆车在什么位置，装载什么货物，目的地是什么地方，总部一目了然。可以合理安排运量和路程，最大限度地发挥运输潜力，避免浪费，降低成本，提高效率。沃尔玛正是通过信息流对物流、资金流的整合、优化和及时处理，实现了有效的物流成本控制。从采购原材料开始到制成最终产品，最后由销售网络把产品送到消费者手中的过程都变得高效有序，实现了商业活动的标准化、专业化、统一化、单纯化，从而达到实现规模效益的目的。

问题讨论：

1. 沃尔玛是如何在竞争中获得优势地位的？
2. 沃尔玛注重物流技术的更新，其目的是什么？
3. 是否只要物流技术保持最先进，企业就能在市场竞争中立于不败之地？

单元二　客户服务

知识目标

1. 了解客户、客户服务的含义。
2. 掌握物流客户服务知识，并能运用其中知识提高物流服务质量。

技能目标

- 质量要求：能很好地完成物流客户服务任务，让客户满意。
- 方法要求：熟悉物流客户服务的基本程序，服务中不出现错漏。
- 安全要求：严格按照教学安排实施任务，确保程序顺利进行。
- 文明要求：按照学习现场的管理规章要求实施活动，文明完成任务。
- 任务完成时间要求：4 学时。

问题导入

物流客户服务，就是简单的运货、送货吗？
应该怎么对物流客户进行服务呢？

课题一　客户服务概述

现代客户管理的核心理念是以客户为中心，对客户进行服务和关怀，使客户完全满意，成为公司的忠诚客户。这种经营理念就把客户管理提高到一个新的高度，要求企业不仅要重视客户的开拓工作，更要重视客户的管理工作，彻底改变过去那种重开拓、轻管理的客户管理方式。

一、客户的含义

客户，是企业的动力，是企业利润之源。

对客户的通常看法是：客户是购买产品或服务的个体，即消费者。客户是针对特定的某一类人或者某一个细分市场而言的。顾客可以由任何人或机构来提供服务，而客户则主要由专门的人员来提供服务。

> **知识卡**
>
> **客户服务**
>
> 客户服务是指企业与客户交互的一个完整的过程，包括听取客户提出的问题和要求。

现代客户管理中的客户，其内涵已扩大化，营销学中顾客、公司内部上流程与下流程的工作人员皆称为客户。以下为理解客户内涵的要点：

1. 客户不一定是产品或服务的最终接受者

处于供应链下游的企业是上游企业的客户，他们可能是批发商、零售商和物流商，而最终的接受者是消费产品和服务的人或机构。

2. 客户不一定是用户

处于供应链下游的批发商、零售商是生产商的客户，只有当他们消费这些产品和服务时，他们才是用户。

3. 客户不一定在公司之外

内部客户日益引起重视，它使企业的服务无缝连接起来。因为人们习惯于为企业之外的客户服务，而把企业内的上、下流程工作人员和供应链中的上、下游企业看作是同事或合作伙伴，而淡化了服务意识，造成服务的内外脱节和不能落实。

由于背景地位、文化的差异，内部客户对不能预期达到或保质保值的服务通常不予正面抗议，而将责任或不便转嫁给企业之外的客户，导致客户服务质量的低下。

在供应链环境下，个体的客户和组织的客户都统称为客户，因为无论是个体或是组织都是接受企业产品或服务的对象，而且从最终的结果来看，“客户”的下游还是客户。因此，客户是相对于产品或服务提供者而言的，他们是所有接受产品或服务的组织和个人的统称。

二、客户管理的基本内容

客户管理是指企业为了建立、维护、发展客户关系而对客户信息进行分析处理和决策，以达到建立并提高顾客的满意度和忠诚度，最大限度地开发利用顾客的目的。客户管理说到底就是对客户信息进行分析处理并做出决策的过程。客户管理最主要的管理内容包括以下四部分：

1. 管理营销过程

很多企业对客户管理时轻过程，重结果。因为“重结果”的管理是以“成败”论英雄，只要有了好的结果，没有人去过问其过程，久而久之也会形成个人英雄主义，削弱团队的作用。假如有一天这个英雄跳槽，换了另一条跑道，以往能够给企业带来的“结果”再也不复存在了，这位英雄的“成功之道”也随之而去，留给企业的可能只是几张名片或是几份合同，还有一些残留在头脑中的客户印象。

2. 管理客户状态

除了管理过程以外，对客户状态的分析与管理在客户管理中也很重要。

借助于客户管理，物流企业通过与客户之间的不断互动，可为客户提供各种信息，以便影响客户的行为，进而留住客户，不断增加企业的利润。通过客户管理，深入分析和了解处于动态过程中的客户状况，从而清楚不同客户的利润贡献度，使得营销员能够选择应该供应何种产品给何种客户，以便在合适的时间，通过合适的渠道去和客户做交易。

3. 管理“客户成本”

现代客户管理所创造的全新的商业模式，将彻底改变客户服务机械的作用。只有真正准确地预测客户服务的成本，估算出每一元钱的回报。预先知道每一位客户能产生多少业务，可能购买什么，以及答复他们的成本是多少，会使物流企业可以根据每一客户所创造赢利的潜能来提供相应水平的服务。

4. 节约通信费用

物流企业的业务具有跨地域的特点。过去传统的联系方式都是采用电话和传真进行信息的交流，但是电话不能存底，传真的文字不能用于数据处理，而且由于需要所进行的长途通信费用对于物流企业来说是非常巨大的。英泰奈特的物流管理信息系统采用的是Internet网络构架的信息交通系统，因此通信费用可以大大地降低。

知识检验

一、填空题

客户服务是指________________________________。

二、选择题

以下（　　）为客户内涵的要点。

A. 客户只是产品或服务的最终接受者

B. 客户不一定是用户

C. 只有公司以外的人才是客户

D. 客户仅仅是用户而已

三、简答题

客户管理最主要的管理内容是什么？

课题二　物流的客户服务

一、物流的客户服务概述

1. 物流客户服务的含义

物流客户服务是指工商企业为支持其核心产品销售而向客户提供的物流服务。研究表明，现代物流管理的实质就是在顾客满意的基础上，向物流需求方高效、迅速地提供产品。也就是说，现代物流管理以顾客满意为第一目标，在企业经营战略中首先应确立为客户服务的目标，然后再通过客户服务来实现差别化的战略。这一定义对于不同类型的企业来说都具有普遍性。我们可以从以下两个方面去理解物流客户服务：

1）物流客户服务是为了满足客户需求所进行的特殊工作，并且是典型的客户服务活动。其内容包括订单处理、技术培训、处理客户投诉、服务咨询。

2）物流客户服务是一整套业绩评价，它包含以下内容：

① 产品可得性评价：存货的百分比；无货损百分比。

② 订货周期和可靠性评价：从客户订货到送货的时间；仓库备货时间；仓库收到订单到发货的时间；在规定的时间内发货的百分比；仓库在规定时间内把订货送达客户的百分比。

③ 最低订货数量：服务系统的灵活性评价；特快发货或延迟发货的可能性；订货的方便和灵活性。

2. 物流客户服务是一种观念

物流客户服务是企业对客户的一种承诺，是企业战略的一个主要组成部分，它与当今企业高度重视的质量管理是完全一致的，必须引起高层管理人员的重视。不能将客户服务狭隘地理解为仅仅是一种活动或者是一套业绩评价，而应将客户服务思想渗透到整个企业，使它的各项活动制度化。

3. 物流的客户服务要素

客户服务涉及公司的许多部门，从物流角度来看，客户服务有四个重要因素，即时间、可靠性、沟通和方便，下面就探讨这些要素对物流服务的买卖双方的影响。

（1）时间　从卖方的角度，时间因素通常以订单周期表示，而从买方的角度则是备货时间或补货时间。具体影响时间因素有以下几个变量：

> **动脑筋**
>
> 物流服务中如何控制时间？

1）订单传送。订单传送包括订单从客户到卖方传递所花费的时间，少则用电话几秒钟，多则用信函需几天。卖方若能增加订单传送速度就可减少备货时间，但可能会增加订单传送成本。

2）订单处理。卖方需要时间来处理客户的订单，使订单准备就绪和发运。这一功能一般包括调查客户的信誉，把信息传递到销售部并做好记录，传送订单到存货区，准备发送的单证。这里的许多功能可以用电子数据处理同时进行。

3）订单准备。订单准备时间包括订单的挑选和包装发运，不同种类的货物搬运系统以不同方式影响着订单的准备工作，货物搬运系统可以从简单的人力操作到复杂的自动化操作。他们的订单准备时间相差很大，物流公司要根据成本和效益选择不同的系统。

4）订单发送。订单发送时间是从卖方把指定货物装上运输工具开始计算至买方卸下货物为止的时间。当卖方雇佣运输公司时，计算和控制订单发送时间是比较困难的。要减少订单发送时间，买方必须雇佣一个能提供快速运输的运输公司，或利用快速的运输方式，但这时运输成本会上升。

（2）可靠性　对有些客户来说可靠性比备货时间更重要，如果备货时间一定，客户可以使存货最小化，也就是说，若客户百分之百保证备货的时间是10天，则可把存货水平在10天中调整到相应的平均需求，并不需要用安全存货来防止由于备货时间而引起的波动所造成的缺货。

1）周期时间。因为备货时间的可靠性直接影响客户存货水平和缺货成本，提供可靠的备货时间可以减少客户面临的这种不确定性。卖方若能提供可靠的备货时间，可使买方尽量减少存货和缺货成本，以及订单处理时间。

> **动脑筋**
>
> 如何保证可靠性？

2）安全交货。可靠性不仅仅是备货时间上的一致性，而且是在与规划一致的备货时间，以及安全和质量的均一性等条件下送达客户所订购的货物。安全交货是所有物流系统的最终目的。如果货物到达时受损或丢失，客户就不能按期望进行使用，从而增加了客户方面的成本负担。如果所收到的货物是受损的货物，就会破坏客户的销售或生产计划，就会产生缺货成本，导致利润或生产的损失。因此，不安全的交货会使买方发生较高的存货成本或利润和生产损失。这种状况对致力于实施一定程度的零库存计划以尽量减少存货的公司是不能接受的。

3）订单的正确性。可靠性主要指订单的正确性。正在焦急等待紧急货物的客户，可能发现卖方发错了货，没有收到想要的货物的客户，可能面对潜在的销售或生产损失。不正确的订单会使客户不得不重新订货，或客户由于气愤转而向另一个供应商订货。

（3）沟通　订货供应活动中极其重要的两个活动是客户订购信息与订单供应和实际存货、拣货过程的沟通。在订货信息阶段，用电子数据交换（EDI）能减少订单信息传递到仓库接受时的错误，卖方应简化产品标识，以减少订单挑拣人员的错误。EDI不仅能减少订单供应中的错误，也能增加存货的周转率，EDI与条形码的结合，可以改进卖方服务水平和减少成本。事实上，EDI与条形码有助于卖方改进大部分的物流功能。与客户沟通和交流对物流服务水平的设计来说是基本的，交流渠道必须永远畅通。没有与客户的接触，物流经理就不能提供有效和经济的服务。然而，沟通是一个双向的过程，卖方必须能够传达客户重要的物流服务信息。

（4）方便　方便是物流服务水平必须灵活的另一说法。从物流作业的角度看，仅有一个或少数几个对所有客户的标准服务水平最为理想，但这是以客户服务需求均为假设前提的。事实上，这种假设并不实际，例如，某一客户可能要求卖方托盘化并以铁路进行运输，而另一客户则要求非托盘的水陆运输，而第三个客户可能要求特殊的交货时间。物流服务与客户对包装、运输方式和承运人交流时间要求等有关。

方便或灵活性能认识客户的不同要求。卖方一般能根据客户大小，生产线等因素来划分客户，这种划分，使物流经理认识到客户的不同要求，并努力以最经济的方式来满足这种要求。

二、企业中物流客户服务的作用

随着物流概念的成熟，人们越来越认识到客户服务已经成为物流系统，甚至是整个企业成功运作的关键，是增强企业产品的差异性，提高产品和服务竞争优势的重要因素。

1. 客户服务是差别化营销的重要方式和途径

在细分化市场营销时期，客户服务已成为企业进行市场竞争的手段之一。长期以来，物流并没有得到人们的高度重视，在大众营销阶段，由于消费呈现出单一、大众化的特征，经营是建立在规模经济基础上的大量生产、大量销售。因而，物流功能只是停留在商品传递和保管等一般性业务活动上，物流从属于生产和消费，从而成为企业经营活动中的附属职能。但是，进入细分化市场营销阶段后，市场需求出现多样化和分散化，而且，发展变化十分迅速。在这种状况下，企业的经营活动较以前任何时期都要艰巨，即只有不断符合各种不同类型、不同层次的市场需求，并且迅速、有效地满足其欲望，才能使企业在激烈的竞争和市场变化中求得生存和发展。而差别化策略中的一个主要内容是客户服务上的差异，所以，作为客户服务重要组成部分的客户差别化服务，也相应具有了战略上的意义。也就是说，客户服务是差别化营销的重要方式和途径。

2. 物流客户服务水准的确立对物流经营绩效具有重大影响

决定客户服务水准是构筑物流体系的前提条件，在物流开始作为企业经营战略重要一环的过程中，客户服务越来越具有经济性的特征，即客户服务有随市场机制和价格机制变化而变化的倾向。或者说，市场机制和价格机制的变动通过供求关系既决定了客户服务的价值，又决定了一定服务水准下的成本。所以，客户服务的供给不是无限制的，否则，过高的客户服务势必损害企业效益，不利于企业收益的稳定。因而，制订合理或企业预期的客户服务水准是企业决策活动的重要内容之一。

3. 物流客户服务方式的选择对降低物流成本具有较大作用

低成本历来是企业追求的目标之一，而低成本的实现往往涉及商品生产、流通的全过程。除了原材料、零部件、人力成本等各种有形影响因素外，客户服务方式的选择对降低成本具有很大的作用。在市场竞争日趋激烈的今天，由于消费者在购买产品时有低价格倾向，因此，一些大型零售业为降低商品购入和调低物流成本，改变原来的物流体系。

资料库

物流客户服务方式

实行由零售主导的共同配送、直送、工厂配送等新型客户服务。这从一个侧面证明了合理的客户服务可以降低企业物流成本。

4. 客户服务是有效联结供应商、厂商、批发商和零售商的重要手段

客户服务作为一种特有的服务方式，一方面以商品为媒介，打破了供应商、厂商、批发商和零售商之间的隔阂，有效地推动了商品从生产到消费全过程的顺利流动。另一方面，客户服务通过自身特有的系统设施不断将商品销售、在库等重要信息反馈给流通中的所有企业，并通过知识、诀窍等经营资源的蓄积，使整个流通过程不断协调地对应市场变化，进而创造出一种超越单个企业的价值效益。

5. 提高客户满意程度，留住客户

过去，许多企业把重点过于放在赢得新客户而很少放在留住现有客户上，但是，最近的研究表明留住客户的战略越来越重要。保留客户和公司利润率之间有着非常高的相关性，这是因为保留住客户可以保留业务，使摊销在客户的销售、广告和开办的成本比较低；为老客户服务的成本较少；满意的客户会提供业务中介；不少满意的客户愿意支付溢价。企业需要记住的最重要的问题是：一个对服务提供者感到不满的客户将被竞争对手获得。留住客户已成为企业的战略问题，物流领域的高水平的客户服务能够吸引客户并留住客户。因为对于客户来说，频繁地改变供应来源会增加其物流成本及风险性。

知识检验

一、填空题

1. 物流客户服务是指________________________________。

2. 物流客户服务为了满足客户需求所进行的特殊工作包括__________、__________、__________、__________。

二、选择题

1. 要真正留住客户的方法是（　　）。

A. 关怀客户　　B. 提供一对一个性化服务　　C. 了解客户　　D. 奖励客户

2. 客户价值是（　　）。

A. 客户的大小　　B. 客户资金的多少

C. 客户对产品、服务和无形资产的满意度　　D. 客户素质高低

三、简答题

1. 物流客户服务的要素有哪些？

2. 简述企业中物流客户服务的作用。

课题三　创造有竞争优势的物流服务

一、物流服务

物流客户管理创新必须以增值为本，即为客户提供增值服务，从而也为自己带来增值。增值服务系指独特的或特别的活动，使厂商们能够通过共同努力提高其效率和效益。增值服务能够巩固业务上已做出的安排。虽然增值服务容易举例说明，但难以实际推广，因为其客户是特定的。增值服务表现为零缺陷承诺的各种方案，并以此作为厂商与客户休戚与共的方式。

在日常的物流活动中，大量的增值服务项目买卖双方都同意由服务专业机构来承担，诸如承运、仓储等专业公司等。例如，汽车运输公司所提供的增值服务会超出其基本的运输服务，结合一些附加的服务项目，诸如货物的分类和排序，以满足特定的客户独特的需求。

承担增值服务的专业人员可以分别为几个主要领域：即以顾客为核心的服务、以促销为核心的服务，以制造为核心的服务，以时间为核心的服务以及基本服务等。

1. 以顾客为核心的服务

以顾客为核心的增值服务，是向买卖双方提供利用第三方专业人员来配送产品的各种可供选择的方式。对仓库来说，还普遍流行一种做法，即提供“精选——定价——重新包装”服务，以便于按仓库、俱乐部和便利店等要求独特配置，以配送制造厂商的标准产品。

> 资料库
>
> **以顾客为核心**
>
> 美国UPS公司开发了独特的服务系统，专门递送纳贝斯克食品公司的一种快餐产品到批发商店，而不是通过传统的烟糖配送商提供递送服务。

那么，以顾客为核心的服务是如何履行的呢？它是由下列活动构成的：处理顾客向制造商的订货，直接送货到商店或顾客家中，按照相关零售店货架储备所需的明细货品规格持续提供递送服务。这类专门化的增值服务可以有效地用来支持新产品的推广，以及基于当地市场的季节性配送。

2. 以促销为核心的服务

以促销为核心的增值服务涉及独特的销售点、展销台配置，以及旨在刺激销售的其他范围很广的各种服务。销售点展销可以包含来自不同供应商的多种产品，组合成一个或多个联结点的展销单元，以便于适合特定的零售商店需要。在有选择的情况下，以促销为核心的增值服务还对储备产品的样品提供特别介绍，甚至进行直接邮寄促销。许多以促销为核心的增值服务包括销售点广告宣传和促销材料的物流支持等。在许多情况下，促销活动中所包括的礼品和奖励商品由专业服务机构来处理和托运。

3. 以制造为核心的服务

以制造为核心的增值服务是通过独特的产品分类和配送来支持制造活动的。既然每一客户的实际设施和制造装配部是独特的，那么在理论上，配送和引入内向流动的材料和部件应进行客户订制化。例如，有一家仓储公司使用多达6种不同的纸箱重新包装一种普通洗碗的清洗液，以适应各种促销方案和各种等级的贸易要求；又如，有的厂商将外科手术的成套器具按需要进行装配，以满足特定医师的独特要求。此外，有家仓储公司切割和安装各种长度和尺寸的软管，以适合个别客户所用的不同规格的水泵。这几个有关增值服务的例子都是由专业人员承担的，这些专业人员能够把产品的最后定型，直到接收到客户的订制订单为止。

4. 以时间为核心的服务

以时间为核心的增值服务，涉及使用专业人员在递送物流客户管理以前对存货进行分类、组合和排序。在以时间为核心的增值服务中，一种流行形式就是准时化（JIT）供给仓库。在准时化概念下，供应商向位于装配工厂附近的 JIT 供给仓库进行日常递送，一旦某时某地产生了需要，供给仓库就会对多家卖主的零部件进行精确的分类、排序，然后递送到装配线上去。其目的是要在总量上最低限度地减少在装配工厂的搬运次数和检验次数。例如，本田汽车公司就是使用这类 JIT 服务来支持其装配线的。以时间为核心的服务，其主要的一个特征，就是排除不必要的仓库设施和重复劳动，以期最大限度地提高服务速度。

二、提高物流服务质量

> **动脑筋**
>
> 什么才算是好的物流服务质量？怎样管理物流服务质量？

提供良好的服务是企业经营宗旨，而服务质量又是服务市场营销的精髓，现在物流行业竞争日益激烈，谁的服务质量好，谁的信誉高，谁就能在竞争中赢得客户，求得生存和发展。优质服务能够提高客户的满意度，使客户产生重复购买的愿望，即能巩固客户，与客户建立长期关系，并主动为企业做下面的口头宣传（客户推荐），这些都是企业十分关注的问题。

客户的需要在不断发展，对服务质量的追求也在不断提高。在这一动态的发展过程中，怎样改进并保持优质服务质量，让客户满意，这是企业在客户管理中必须考虑的主要问题。

1. 优质服务质量的特征

物流客户管理不仅仅指客户的开拓和客户投诉的处理，更为重要的是实行优质服务，提高客户满意度，维系客户的忠诚度。

优质服务的表现：

1）对客户的询问及对客户碰到的难题迅速做出反应。

2）昼夜服务，及时回访客户，采取一切措施简化业务往来。

3）企业上下各部门员工，从电话总机直到运输部，都同客户友好相处，随时对客户做出回应。

4）尽量为每个客户提供有针对性的个别服务。

5）对产品质量做出可靠承诺。

6）坚持及时交流。

7）在所有交往中表现出礼貌、体贴和关心。

8）对待客户永远做到诚实、尽责、可靠。

9）让客户的钱始终能够发挥出最大效用。

2. 服务质量的内容

客户的需求可分为物质需求和精神需求两部分，服务质量也分为包含两种需求的内容，它们不是分离的，而是有机联系的，共同构成服务质量的两类属性。

（1）技术性质量　技术性质量是服务结果的质量，它满足客户的主要需要，指服务本身的质量标准、环境条件、网点设置、服务设备及服务项目、服务时间等是否适应和方便客户的需要。技术性质量通常能得到许多客户比较客观的评估，企业比较容易掌握这一质量标准。

（2）功能性质量　是服务过程的质量，它满足客户非主要需要，指在服务过程中，服务人员的仪态仪表、服务态度、服务程序、服务行为是否满足客户需求，这与客户的个性、态度、知识、行为方式等因素有关。客户对功能性质量的看法，还会受到其他客户的消费行为的影响。所以，客户对功能性质量的评估是一种比较主观的判断，企业较难掌握功能性质量。

不少企业在提供服务时，重视改进技术，如采用“服务工业化”措施，用精心设计的服务体系（软技术）和现代化设备（硬技术）取代人工服务，以此提高服务质量。技术性质量确实很重要，它能使企业取得一定成功，如果客户认为技术性质量非常重要，采用技术性竞争策略的企业往往能取得竞争优势。但是，其局限性也是明显的，如果竞争对手的技术实力都很强，这类企业就很难取得长期竞争优势。应该明白，企业服务质量包括两方面因素，企业对服务人员与客户之间的相互交往及提供服务过程的管理与提高技术一样，也可以从整体上提高客户实际经历的服务质量。

对大多数企业来说，在现代竞争中，采用优质服务策略更为有效，采用高新技术，可为客户提供优质技术性服务。但是，服务人员的服务意识、服务态度，服务行为和服务方式往往会对顾客实际经历的整体服务质量产生更大的影响，为客户提供更大价值。因此，营销人员不仅应研究本企业应向客户提供什么服务，更应研究本企业应如何为客户服务。

3. 服务质量的特性

认识服务质量的特性，可以使企业有针对性地采取工作措施，提高服务质量。服务质量具有以下五个属性：

（1）可感知性　这是指各种设施、设备以及服务人员的外表等构成的服务产品的“有形部分”。

（2）可靠性　这是指企业在任何时候，任何服务网点准确无误地完成所承诺的服务。

（3）反应性　这是指企业随时准备为顾客提供快捷、有效的服务。

（4）保证性　这是指服务人员的友好态度与胜任工作的能力。

（5）人情性　这是指企业要真诚地关心顾客，了解他们的实际需要，满足客户需要，使整个服务过程富于“人情味”。

在这五个属性中，可靠性往往被客户认为最重要，是核心内容。

4. 服务质量的工作措施

针对服务质量特性的工作措施有以下内容：

（1）可感知性　企业管理人员必须重视服务产品的“有形部分”，从而提高客户对服务质量的认可。服务是无形的，但客户可以借助服务体系中有形的、可视的部分来把握服务的实质。服务的有形展示，一方面提供了有关服务质量本身的有形线索，另一方面又直接影响到客户对服务质量的感知，从而影响客户对服务质量的评估。例如，物流装卸搬运中，实行文明作业，轻搬轻放，爱护客户财产的服务人员将提高客户对服务质量的评价。针对可感知性的工作措施从以下方面考虑：

1）设施设备先进。

2）设施和摆设要整洁。

3）人员要表现得有秩序、有水准。

4）与服务生产相关的材料要保证质量。

（2）可靠性　企业应以“可靠”的优质服务来建立自己的声誉，赢得客户对服务质量的认可。企业在服务过程中必须努力避免出差错，按照自己的承诺去为客户提供服务，服务差错会损害企业信誉，可能因此失去一些客户或潜在的客户。如配送服务不能及时到达，严重影响公司形象及客户对其服务质量的评价。因此，企业要注意几点：

1）按照承诺提供服务。

2）第一次接触就按照计划的质量提供服务。

3）按照预定时间提供服务。

4）不出差错。

（3）反应性　在服务传递过程中，客户等候服务的时间是影响客户感觉、客户印象以及客户满意度的重要因素。对于客户的要求，企业能及时做出反应，满足客户需要，可树立企业形象体现企业的服务质量。企业应提高服务传递效率，缩短客户等候服务的时间。

> 知识卡
>
> **反应及时做法**
>
> 对客户的要求及时做出反应；乐于帮助客户；帮助客户做选择。

（4）保证性　服务人员的友好态度与胜任工作的能力，能增强客户对企业服务质量的信心和安全感。这就要求服务人员在服务中不仅要以友好、和善的态度对待客户，更要有：

1）丰富的知识，有胜任提供服务的能力。

2）服务人员使客户有信任感。

3）给客户以交易安全的感觉。

4）人员要具有妥当处理客户问题的能力和服务的职业技术。

（5）移情性　要求服务人员像对待亲人一样对待客户，自然地传递真挚的感情，设身处地为客户着想，这就要做到：

1）关心每一个客户的问题。

2）精心处理客户的每一个问题。

3）以人格的魅力吸引客户。

4）理解客户的需要。

5）营业时间尽量符合客户的习惯。

三、以客户为中心的物流战略开发

1. 理解客户需求

在创造价值和使客户满意的物流过程中，评估商业惯例到底扮演什么角色也是很重要的。例如，销售代表是根据客户的需求，还是根据公司何时能办理运送来确定运送日期？零部件销售商常常得到的反馈信息是有 99.9% 的准时送货率，难道真是这样吗？衡量的标准应该是送货期与客户要求是否一致。某一客户要求星期二送货，但经常到周四才能送到，协调的结果是客户同意周四送货，显然这会使客户不满意。通过与客户讨论送货要求，物流配送员发现销售人员和配送系统并没有满足客户的需求，因此这并不是客户完全满意的物流过程。

实际上可以通过以下尝试更好地了解客户的需求与期望：

（1）直接地向客户了解服务要求　这是一种用来确定客户所想的和所要求的服务的正确途径。直接收集客户信息包括面谈、集中小组会谈、摸底调查等。面谈最为直接，因为他们与客户直接接触。集中小组会谈一般被用来发现采用某种购买方式的原因。摸底调查可使供应商更好地了解客户的业务和探索专门服务会增值的原因。会谈和摸底调查的对象通常是来自不同公司的许多客户，如果客户来自不同业务的交叉部门，那么集中小组会谈尤其重要。

（2）客户的陈述　许多客户向供应商非常明确地讲述他们的最低需求，一旦这些最低需求被理解，与客户进一步沟通就有了基础。与客户的进一步讨论应建立在满足客户最低需求的基础上，并且帮助供应商理解客户对别的增值服务的期望。除了客户陈述外，以往的业务报告也是客户反馈信息的重要来源。

（3）“噪声水平”即客户的不满与抱怨　“噪声水平”可以被用作直接与客户接触的补充，它提供了客户特殊的反馈信息。许多公司鼓励对雇员不满的调查，以及失去客户的最后会谈来鉴定噪声水平。通过调查客户的不满和抱怨，可以改进物流公司的服务水平。

（4）同业同行的比较　比较竞争者的水准是补充直接与客户接触的另一条途径。它提供了有着竞争对手当前行动的反馈信息，但它不能全面的帮助确定客户的需求和期望值。该方法的不足之处是可能会出现看问题片面的情况。因此，从竞争对手的服务目标出发可能会导致方向错误。

（5）与客户共同探索需求和期望的重要性　一旦明确客户的最低需求和期望，他们可以与客户讨论哪一个行为标准是重要的。该信息将帮助区分客户需求和增值服务，如果提供增值服务，而基本的需求却不被满足，则达不到客户满意。因为在客户情愿支付的价位上要满足所有的客户需求是不可能的。因此理解哪一种服务是最低要求，哪一种服务能超出期望值是很重要的。为提供增值服务而无原则地花费金钱的做法是不适当的，并且客户愿意购买的仅是他们认为有价值的服务，供应商应该同客户讨论他们情愿为此付出的代价。要求之间的差距，这包括采取什么步骤来满足专门的服务，达到服务目标，有助于决定哪种服务是每个厂商都能预期得到的。

2. 解释当前做法与客户要求之间的差距

一旦供应商明白客户的需要正好与其提供者相反，两者之间的差距就可分析出来。许多公司都以客户需求与他们提供的服务之间的差距最小为服务宗旨，经过调查之后，就会发现自己曲解了客户需求。

> 知识卡
>
> **针对性服务**
>
> 许多公司按产业、产品类型、销售量和利润来细分客户群。一些客户希望收到的产品以稻草包装，另一些都喜欢以薄纸包装。

3. 满足客户特定需要的针对性服务

为了让尽可能多的客户满意，公司应该按需求期望的相似性对客户进行细分，但现在通行的标准是需求的相近性。通常调查这些自然而分的客户群，供应商可以更好地提供针对性服务。

4. 在客户要求的基础上创造服务

实施客户导向的配送战略，下一步就是在客户要求和期望的基础上创造为了满足客户需求，并超出他们的期望值，供应商不仅必须满足客户的需要且应提供增值服务。当竞争者开始把客户满意作为竞争优势时，供应商正应着客户对价值的要求，把致力于满足客户最低的要求作为客户满意的开始，供应商只有超出客户最低要求时才会让客户满意，达到增值的目的，促使企业具有竞争优势。

5. 评估与跟踪执行和改进

评估满意过程对于激励员工相当重要。定量情况评估在改进工作中占重要地位，客户满意指数是定量评估整个满意水平的一种方式。衡量所有产品的贡献很重要的，因为满意是以客户的整个经历为基础解释的。客户满意指数用以代表供应商在客户眼中的地位。

知识检验

一、填空题

1. 服务质量的特性有________、________、________、________、________、________。
2. 服务质量的工作措施内容有________、________。

二、选择题

1. (　　)已被许多公司视为节省成本、增加效益和使其产品和服务增强竞争力的关键。
   A. 高效的物流管理　　B. 第三方物流
   C. 物流信息化　　D. 客户服务
2. 实现“以客户为中心”的理念的根本保证是(　　)。
   A. 多设服务点　　B. 优质的物流服务
   C. 市场促销　　D. 廉价的商品

三、简答题

1. 优质服务的具体表现有哪些？
2. 简述物流服务中的功能性服务的内容。

课题四　技能训练

任务描述

物流企业工作人员为某电器生产企业客户提供产品运输服务。

任务准备

准备若干单据：托运单，装货单，收货单，运费通知单。

任务目的

考核学生服务物流客户的效率，以及在客户服务过程中手动填写各种单据的能力。

任务实施

2 ~ 3 人一组，在座位上就近进行练习，练习后选出做得较差的和较好的各一组，上台进行表演。

（1）任务步骤

① 工作人员问候客户、询问需求，为客户提供物流服务咨询。

② 工作人员引导客户填写托运单。

③ 工作人员仔细核对并再次向客户确认托运单内容。

④ 工作人员填写装货单，并核对装货清单。

⑤ 工作人员对运输过程进行追踪，并按日反馈给客户。

⑥ 收货者填写收货单。

⑦ 工作人员向收货者确认到货时间，以及货物质量和数量等信息。

⑧ 工作人员根据托运单上的付款方式向付款人发送运费通知单。

⑨ 工作人员对客户进行回访或处理客户投诉，留住客户。

（2）质量要求

① 工作人员在接待客户时能运用礼貌、文明的语言问候客户，并能正确地询问客户的需要。

② 客户填写托运单时，工作人员能准确、高效地引导客户进行正确的填写，并能仔细核对、再次向客户确认托运单内容。

③ 工作人员能准确无误、快速地填写装货单，并能核对装货清单。

④ 工作人员能及时向收货者确认到货时间、货物质量和数量等信息，并且能按时、按要求发送运费通知单。

⑤ 工作人员能通过回访或处理客户投诉等方式留住客户。

（3）安全要求

① 要求必须使用文明用语，以免引起不必要的冲突。

② 要求填写各种单据后认真核对，避免信息错误给客户带来经济损失。

③ 要求及时发送运费通知单，避免延迟发送导致物流企业资金链断裂。

任务评价

项目（或任务）编号			学时			学生姓名		总分	
类别	序号	评价项目	评价内容及要求	评价标准	配分	学生自评	学生互评	教师评价	得分
岗位技能评价	1	服务质量	能够按要求完成服务任务	服务质量不好扣10～40分，不能完成无分	60				
	2	完成时间	能够按时完成任务	不按时完成无分	10				
职业素质评价	3	安全生产	遵守服务安全操作规程	不遵守有关规定减分	10				
	4	文明生产	遵守实训室文明生产规则	不遵守有关规定减分	10				
	5	沟通交流	积极主动性强	不积极沟通减分	5				
	6	团队合作	合作参与意识好	合作不好减分	5				

注：按学生自评占20%，学生互评占30%，教师评价占50%计算总分。

任务小结

授课班级		授课时间		授课地点	
授课教师		任务名称			
学生表现					
存在问题及改进方法措施					

任务拓展

e 国一小时

E 国网站（www. eguo. com）推出的“e 国一小时”服务就是基于这样的考虑建立的。这种考虑的根本点在于对顾客的服务，只有先保证了对顾客的服务，企业才能更好地建立信心，电子商务市场才能迅速扩大，也才有机会得到发展，产生良性的循环。

“e 国一小时”对顾客的承诺是订单完成后一小时内给顾客送货上门，首先推出的范围是北京市四环内及中关村和亚运村地区，这种承诺用第三方物流（后面有知识介绍）显然是无法实现。

“e 国一小时”的送货完全是免费的，对于商家送货成本非常容易计算，对顾客来说一种商品的标价只有一个，没有其他额外的费用，很容易接受。“e 国一小时”的服务是全天候的，没有日夜之分，也没有节假日，可以充分体现服务的优势。

从开通以来的反馈来看，顾客满意度极高，而且回头客的比率极大。很明显，只有主动地把客户服务放在首位才能达到这种效果。

茂永股份有限公司巩固物流客户的做法

成立于 1982 年的超全股份有限公司是茂永股份有限公司的前身，它早期从事纺织业。当时有相当多的客户没有仓库设备，就委托该公司代管货品并叫车运输。1986 年该公司改名为茂永股份有限公司，并开始直接从事仓储代管储放工作。由于曾投资纺织业，拥有许多厂房土地，土地并不是最大的困扰。在 1985 年时有机会前往日本参观丸运公司，看到丸运公司的发展及物流仓储的未来可行性，所以在隔年便投入仓储运输业了。初期只是以仓储保管为主，直到 1991 年才成立物流中心，做配送的全程服务。早期该公司先在台北发展，然后再扩展到台中及高雄，是由北、中、南依次串联而成的。

现在该公司已将原先的茂永股份有限公司更名为茂永国际物流股份有限公司，希望能再进一步地突破及成长。从仓储布点的选择及仓储硬件的架构乃至物流配送网络的形成，都有着物流巨人的高明指点，特别是其巩固物流客户的做法，更是秉承日本物流企业的成熟做法。用经营理念的树立、对客户的承诺、对自身的要求、开展多种服务及对员工的培训等做法来巩固物流客户，使其在短短的几年内有相当骄人的成绩。

1. 树立客户导向的经营理念

在一个竞争的时代，尤其从事物流配送的服务工作，除了要随时强化自己本身的能力之外，也要能够去了解客户（需求者）的需要。因为物流作业流程，除了依靠自己的实力，也要能够针对不同客户的需求去制订不同的“应变”计划。例如，在7月份时，该公司的配送出货量大增，货量达平时的四倍以上，但是客户有这个出货的需求，相对地茂永也就全力以赴，除了准时出货不延迟之外，也让客户更加安心。所以，做好平时的服务品质是应该的，当客户有困难有问题时，也能够达到他们的标准并且也维持平时的高品质服务，那就是非常不容易了。客户有利润，相对地说公司才有可能获利，所以持续经营除了要满足客户的要求之外，也要根据不同的变化，做出应变的动作。毕竟要使委托合作关系维持恒久不变，一定要主动去了解每一位客户的需求，尽量去满足他们。而茂永的利润是基于与客户共同创造出的利润，并与客户分享价值。

茂永公司是一个非常有弹性的公司，凡事都向制度化与标准化方向进行。茂永本身可塑性高、活力强，而且没有太大的企业包袱存在，所以可以针对不同客户的需求，做出不同的服务，树立客户导向的经营理念。

2. 对客户做出独特的承诺

（1）诚信　茂永对客户一向以诚信为出发点，本身有多少实力就做多少事。否则，一旦顾客有需求和困难时，反而做不到，那是不对的。所以对每一位客户都以诚信的态度去接触，除了尊重客户之外，也是本身服务品质最佳的保证。

（2）安全　物流配送是一项非常复杂与辛苦的工作，除了自身人员的安全随时要去保证之外，就连所送达的货品也是要求零故障的。尽管如此，如果稍有不慎就非常容易损害到客户所托的货品，所以安全的强调对人、货是一致的。

（3）时效　客户委托公司做配送，时间的控制与管理一定要掌握住准确。平时如此，就算是出货量多时也要做到，因为时效的保证，除了带给客户商机和利润外，相对地也就是给自己带来商机和利润。

（4）便捷　所谓的便捷不外乎是手续简单不烦琐，迅速而不疏忽。因为物流的作业流程环环相扣，任何一个细节做不好或出差错都会造成许多问题的发生，所以说，便捷的承诺也包含了方便客户、节省时间的目标。

（5）经济　现在的客户都非常精明，对于所委托的物流业者一定要能达到既省钱又经济实惠的要求，因为降低支出、扩大市场占有率是每个企业努力的方向，所以帮助客户省钱又提高市场的竞争机能，是该公司坚持的原则。

3. 强化自身的使命感

这种使命感源自对自身工作极端的负责。包括：

（1）专业　该公司所强调的专业可以区分为对人（客户）及物质这两项，专业的精神除了要非常清楚本身的工作岗位之外，也要能够去了解每一位所服务客户的属性。因为对物流的专业工作是一定要做到的，而对客户的专业了解则是让客户很放心地与公司合作的必要条件，唯有对客户做出非常专业的认知与了解，才可能达到客户的需求。

（2）专心　专心是指在工作时每一位员工都能在工作岗位上用心地工作，也唯有用心在所从事的工作上，才可能发挥最大的效能。

（3）求精　求精指公司在物流的服务工作上是可以让所有客户安心的合作伙伴，也只有本身在物流这个领域内做最专最精的服务，客户才能源源不断而来。

4. 建立健全的组织结构

茂永公司目前在组织分工上可以分为：行政本部，业务本部，物流第一、二本部及货运本部等五大单位。其中行政本部负责管理、财务、企划等工作。该部门拥有一群经验丰富的整体作业流程规划小组，可随时提升作业效率解决客户的困难；并且拥有专为茂永公司及客户设计物流专业软件的工作团队，构架信息网络，可确保对客户服务品质及作业时效。而业务本部下辖有两个业务课，是依照客户的行业划分出来的，强调的是完全的售后服务，而签约合作只是服务的开始，业务人员追求的是全程的服务，并且解决客户所有的抱怨与问题。物流第一本部统一管理北一区营运中心、新桃营运中心等7个分支营业所，物流第二本部则负责北二区营运中心、中区营运中心等6个分支营业所。至于货运本部则有自用车辆55部及合约车25部，共计80部车辆供运用。

5. 推进综合物流服务

茂永公司的经营项目可以分为三大项：第一，仓库作业，包括独立仓库出租，托管仓库出租，集装箱的拆装及进出货服务管理，货品分类、定位、分装、贴标签、盘点、报表及会计库存系统管理等。第二，货运及运输业务，包括供应商（制造商、进口商）至各发货中心的运输业务、发货中心与发货中心调拨的运输业务、供应商至特贩商的运输业务、发货中心至特贩商的运输业务等。第三，物流，包括地区配送业务（由发货中心至各地零售商运输配送业务），发货中心仓储业务（提供仓储地点、设备、供发货中心存放安全库存货品），包装分装服务，货品上架服务，代开票及其他文件服务，代贴各种税条、标签及其他文件服务，代客户规划设计仓储配送流程等。

茂永公司除了开展以上经营外，还努力向综合物流及具备国际化的服务品质方向推进，尤其是在推动亚太营运中心的建设上相当努力地实施。未来货品的流通除了普及化、快速化之外，相对外来的竞争也会进入台湾，所以茂永以“国际物流”为目标，希望成为广大客户的后勤部门。而该公司弹性大、可塑性高，能够发挥的空间以及台湾与大陆物流的市场非常宽广，则是其最大的有利因素。除此之外，解决客户所有的物流问题，是茂永的工作责任。以服务品质赢得信任保证，该公司并不以眼前成绩为满足，而是要以成为国际性的物流服务公司为目标。

问题讨论：

1. 该公司的哪些做法值得我们学习？
2. 作为一个物流企业，客户服务还应该做到哪些？

单元三 仓储管理

知识目标

1. 懂得仓储的含义。
2. 清楚仓库的分类及保管技术的运用。
3. 掌握ABC分类的控制库存及零库存的意义。

技能目标

- 质量要求：能很好地理解仓储及仓储管理。
- 方法要求：了解仓库分类及库存控制的工作方法。
- 安全要求：了解并遵守仓储的安全生产规则。
- 文明要求：能按照学习现场管理规章要求实施活动，自觉合作完成任务。
- 任务完成时间要求：8学时。

问题导入

什么是仓储？

仓储是只管货物不丢吗？

课题一 仓储概述

一、仓储的概念

现代物流中所谓的仓储是指利用仓库及相关设施设备进行物品的进库、存储、出库的作业。它是物流中的重要环节，具有“物品银行”、“物品转运站”及物品供应的监督作用。实际上，仓储包含“仓库储存”的意思，在物流科学中，所谓储存就是指保护、管理、贮藏物品。

仓储的形成显然为了适应社会产品出现剩余和产品流通的需要，当产品不能被即时消耗掉，需要专门的场所存放时，就产生了静态的仓储。而将物品存入仓库及对于存放在仓库里的物品进行保管、控制、提供使用等的管理，便形成了动态仓储。可以说仓储是对有形物品提供存放场所、物品存取过程和对存放物品的保管。仓储的性质可以归结为：仓储是物质产品的生产持续过程，物质的仓储也创造着产品的价值；仓储既有静态的物品储存，也包含动态的物品存取、保管、控制的过程；仓储活动发生在仓库等特定的场所；仓储的对象既可以是生产资料，也可以是生活资料，但必须是实物动产。仓储是改变“物”的时间状态的活动，其目的是从克服产需之间的时间差异中使“物”获得更好的效用。

二、仓储在物流中的作用

（1）仓储是社会生产顺利进行的必要过程 现代社会生产的一个重要的特征就是专业化和规模化生产，劳动生产率极高，产量巨大，绝大多数产品都不能被即时消费，需要经过仓储的手段进行储存，这样才能避免生产过程被堵塞，保证生产过程能够继续进行。另一方面，生产所使用的原料、材料等需要有合理的储备，才能保证及时供应，满足生产的需要。

> **动脑筋**
>
> 哪些企业需要仓储？

仓储本身是由生产率的提高造成的，但同时仓储的发展又促进生产率的提高。良好的仓储条件确保生产规模的进一步扩大，促进专业化分工的进一步细化，劳动生产率进一步提高。

（2）仓储是实现社会商品生产的必要条件之一 仓储作为社会再生产各环节之间“物”的停滞，使其成为上一步生产活动和下一步生产活动的必要条件。例如，在生产过程中，上一道生产工序与下一道生产工序之间，总存在一定的时间间隔，上一道生产工序的半成品，总是要达到一定数量之后，才能经济合理地送到下一道工序去；而下一道工序为了保持连续生产，也总要有一些储备作保证。因此，仓储对无论哪一道工序来说，都是保证生产正常进行的必要条件。

由上可知，仓储和一般生产活动不同，虽然它不增加社会产品的数量，不使产品产生新的使用价值，只是变动物品的时间状态，但这一变动却是保证生产、流通正常进行的前提条件。

（3）仓储在物流中具有“蓄水池”的作用 现代的产品生产和消费都要求做到供需均衡协调，以获得较好的企业效益。但是，由于生产及消费的复杂性，决定了在经济领域中不太可能完全实现这一目标。生产和消费领域的供需在时间上的不均衡、不同步的现象是客观存在的，因此，为提高企业效益，就需要对此进行调整，以便尽可能做到生产和消费在供需方面处于相互协调状态。此外，出于合理使用资源，防止产品一时过剩浪费的要求，以及出于延迟一段时间出售产品而获取较优价格的要求，都需要对商品进行一定时间的仓储。仓储的这个作用称作“蓄水池”作用和“调节阀”作用。

（4）仓储具有“时间效用” 所谓的时间效用是指同一种“物”由于时间状态的不同，其使用价值的实现程度可能有所不同，其效益的最终实现也就不同。由于改变了时间而最大限度地发挥使用价值，即仓储使物品在效用最大的时间发挥作用，就能充分发挥物品的潜力，实现物品的最大效益。因此，从这个角度分析，是仓储使物品的使用价值得到了提高。生产出的产品在消费之前必须保持其使用价值，否则将会被废弃。这项任务就需要由仓储来承担；同时仓储是产品提供消费的最后一道作业环节，可以根据市场对产品消费的偏好，对产品进行最后加工改造和流通加工，提高产品的附加值，以促进产品的销售，甚至增加收益。

（5）仓储是流通过程的衔接 产品从生产到消费，需要经过分散、集中、分散的过程，还可能需要经过不同运输工具的转换运输，为了有效地利用各种运输工具，降低运输过程中的作业难度，实现经济运输，物品需要通过仓储进行候装、配载、包装、成组、疏散等。为了满足销售的需要，商品在仓储中还需要进行整合、分类、拆除包装、配送等处理和存放。

存放在仓库里的商品，还可以提供给购买方进行查看以便进行交易，因而仓储还具有商品陈列的功能。

（6）仓储还是“第三利润源”的重要源泉之一　同运输一样，仓储也是产生“第三利润源”的源泉之一。其原因在于：

> **知识卡**
>
> **利　润　源**
>
> 降低物损作为第一利润源泉；减少人员作为第二利润源；降低物流费用作为第三利润源。

1）有了仓储的保证，就可以免除加班赶工，省掉了增大成本的加班赶工费用。

2）有了仓储的保证，就无须紧急采购，减少了由于紧急采购而导致的企业成本的增加。

3）有了仓储的保证，就能做到使物品在适当时机以高于正常价格的情况下销售出去，或在适当的时机将物品以低于正常价格的情况下购买进来，由此必然会增加企业的销售利润，或减少企业的购买成本。

4）仓储是大量占用资金的一个环节，仓库的建设、维护保养、进库和出库等都要大量耗费人力、物力、财力，而且仓储过程中还可能各种损失。因此，在仓储环节中节约的潜力是巨大的，通过仓储的合理化，通过减少仓储时间，降低仓储投入，加速资金周转，都可以降低成本，增加企业利润。

（7）开展物流管理的重要环节　仓储是物流的重要环节，物品在物流过程中相当一部分时间处在仓储之中，在仓储中进行运输整合，在仓储中进行配送准备，在仓储中进行流通加工，也在仓储中进行市场供给调整。因此，仓储中的成本是物流成本的最重要的组成部分。开展物流管理必须特别重视仓储的管理，有效的仓储管理才能实现物流管理的目的。

> **动脑筋**
>
> 仓储给我们带来哪些利益？

知识检验

一、填空题

1. 仓储是______________________________。

2. 储存是______________________________。

二、简答题

谈谈仓储在物流中的作用。

课题二　仓库的保管作业

一、仓库的种类

1. 根据营运形态分类

（1）自营仓库　由企业或各类组织自营自管，为自身的货物提供储存服务的仓库。这类仓库只储存本企业的原材料、燃料、产品或商品。一般工厂、企业、商店的仓库及部队的后勤仓库，多属于这一类。

（2）营业仓库　专门为了经营储运业务而修建的仓库，它面向社会服务或者以一个部门的物流业务为主，并且兼营其他部门的物流业务，如商业、物资、外贸等系统的储运公司的仓库等。营业仓库由仓库所有人独立经营或者由分工的仓库管理部门独立核算经营。

（3）公共仓库　面向社会提供货物储存服务，并收取费用的仓库，如铁路车站的货场仓库、港口的码头仓库、公路货场的货栈仓库等。

2. 根据保管形态分类

（1）普通仓库　常温下的一般仓库，用于存放一般性物资，对于仓库没有特殊的要求，只要求具有一般通用的库房和堆场，用于存放普通货物，例如，一般的金属材料仓库、机电产品仓库等。这类仓库设施较为简单，但储藏的物资种类繁杂，作业过程和保管方法、要求均不同。

（2）保温仓库　用于储存对湿度、温度等有特殊要求的仓库，包括恒温、恒湿和冷藏库等，用于粮食、水果、肉类等储存。这类仓库在建筑上要有隔热、防寒和密封等功能，并配备专门的设备，例如空调、制冷机等。

（3）特种仓库　用来储存危险品的仓库，如石油库、化学危险品库等，以及专门用于储藏粮食的粮仓等。特种仓库的储藏物单一，保管方法一致，但需要特殊的保管条件。

（4）水上仓库　近年来，由于国际运输油轮的超大型化，许多港口因水深限制，大型船舶都不能直接进港卸油，往往采用在深水区设立大型水面油库（超大型油轮）为仓库转驳运油。

> **知识卡**
>
> **水上仓库**
>
> 水上仓库又称货趸。在一些水位差较大的港口，为组织船舶和货物快装快卸，设于水上临时堆存货物的仓库。水上仓库通常为平板驳、趸船，舱面上有顶盖，所以，可以存货，用作临时仓库。一般货趸的舱面、舱内都可用于临时堆存货物。

3. 根据建筑形态分类

1）按建筑构造不同可分为平房仓库、多层仓库、高层仓库和地下仓库等。

2）按建筑材料不同可分为钢筋混凝土仓库、混凝土预制板建筑仓库、钢骨架建筑仓库和木制建筑仓库等。

4. 根据功能及其他分类

（1）储存仓库　主要对货物进行保管，以解决生产和消费的不均衡，如季节生产的大米储存到第二年卖。常年生产的化肥，要想在春、秋季节集中供应也只有通过仓储来解决。

（2）流通仓库　这种仓库除具有保管功能外，还能进行流通加工、装配、简单加工、包装、理货及配送功能，具有周转快、附加值高、时间性强的特点，从而减少在联结生产和消费的流通过程中商品因停滞而花费的费用。

（3）配送中心　配送中心是从事配送业务具有完善的信息网络的场所或组织。作为配送中心的仓库往往具有存货种类众多、存货量较少的现象，通常要进行商品包装拆除、配货组合等作业，一般还开展配送业务。

（4）保税仓库（保税货场）　经海关核准的并在海关监管下，专门存放已入境但暂时未纳进口税或者未领进口许可证（能制造化学武器的和易制毒化学品除外）的货物，在海关规定的存储期内复运出境或办理正式进口手续的专用仓库。也就是说，保税仓库是获得海关许可的，能长期储存外国货物的本国国土上的仓库。同样，保税货场是获得海关许可的，能装卸或搬运外国货物并暂时存放的场所。

二、仓库的合理布局

仓库设计是现代保管中的重要环节，它直接影响到物流管理的效率及成本。仓库建筑的设计主要在于库址的选择和仓库建筑的整体布局。好的库址和合理布局是决定仓库建筑效益的关键。

1. 建库的总原则

1）企业建设仓库的目的是为了保证企业自身的生产和经营，因此企业在什么地方建设仓库，建设多大规模和什么设备条件的仓库，首先要考虑企业的生产和经营的需要。

2）应保证企业所建仓库各种设备的有效利用，不断地提高仓库的经济效益。

3）保证安全。这里所说的安全，有两方面的含义：企业仓库的选址、设计等，要考虑储存物资的安全；另指所储物资对企业及周围环境的安全。

2. 仓库合理布局的要求

仓库布局是指在一定区域或库区内，对仓库的数量、规模、地理位置和仓库设施、道路等各要素进行科学规划和总体设计。仓库内部合理布局有以下具体要求：

1）仓库布局要根据仓库作业的程序，方便仓库作业，有利于提高作业效率。

2）要尽可能减少储存物资及仓储人员的运动距离，以提高仓储劳动效率，节约仓储费用。

3）仓库内部的合理布局，要有利于仓库作业时间的有效利用，要避免各种工作无效重复，避免各种时间上的延误，各个作业环节要有机衔接，尽量减少人员、设备的窝工，防止物资堵塞。

4）仓库内部的合理布局要有利于充分利用仓库面积和建筑物的空间，要杜绝仓库面积和建筑物空间上的浪费，以提高仓库的利用率和仓库的经济效益。

5）仓库的合理布局要有利于仓库的各种设施、储运机具效用的充分发挥，提高设备效率，提高劳动效率。

6）仓库的合理布局还要有利于包括仓储物资、仓储人员和仓储设施、仓储机具在内的整个仓库的安全，要符合“三防”的要求。

三、仓库的货物保管原则

为了提高物品在保管作业中的效率，货物保管一般应遵循以下原则：

1. 靠近仓库出口原则

即将刚刚到达的或经常要用的商品安排离出入口最近的空储位置上。

2. 以周转率为基础原则

即按照商品在仓库的周转率（销售量除以存货量）来排定储位。首先依周转率由大到小排一序列，再将此序列分为若干段，通常分为3～5段，同属于一段中的货品列为同一级，依照定位或分类储存法的原则，指定储存区域给每一级的货品。周转率愈高应离出入口愈近，如图3-1所示。另外，当进货口与出货口不相邻时，可依进、出仓次数来做存货空间的调整。

3. 产品相关性原则

商品相关性大者在订购时经常被同时订购，所以应尽可能存放在相邻位置。按物品相关

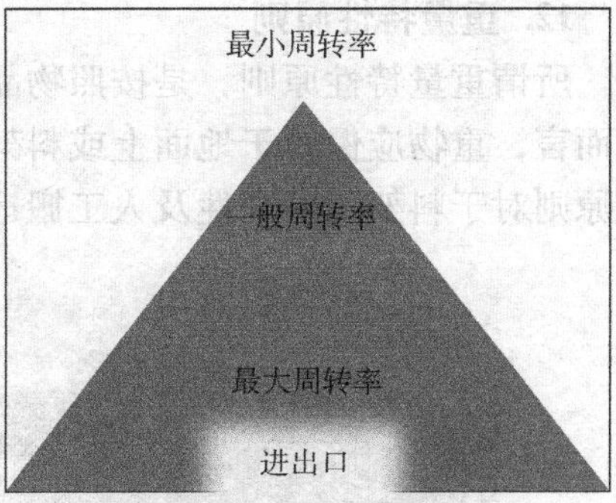

图 3-1 依周转率划分储区

性原则储存可以缩短提取路程，减少工作人员工作量，简化清点工作。

4. 产品同一性原则

同一性原则是指把同一物品储放于同一保管位置的原则。对同一物品的存取，花费最少搬运时间是提高物流中心作业生产力的基本原则之一。因而同一性原则是任何仓储中心皆应确实遵守的重点原则。

5. 产品类似性原则

类似性原则是指将一系列相类似产品比邻保管的原则。此原则根据与同一性原则同样的观点而来。

6. 产品互补性原则

互补性高的物品也应存放于邻近位置，以便缺货时可迅速以另一品项替代。

7. 产品兼容性原则

兼容性低的产品绝不可放置在一起，以免损害产品品质。如烟、香皂、茶叶便不可放在一起。

8. 先进先出原则

所谓先进先出原则（First In First Out，FIFO），系指先保管的物品先出库。此原则一般适用于寿命周期短的商品，如感光纸、胶卷、食品等。作为库存管理的手段来考虑时，先进先出是必须的；但是若在产品形式变更少，产品寿命周期长，保管减耗破损等不易产生等情况下，则需要考虑先进先出的管理费用及采用先进先出所得到的利益，将两者之间的优劣点比较后，再来决定是否要采用先进先出原则。另外，对于食品或易腐败变味的产品，应考虑先到期先出货的原则，且保存期限只剩下 2 ~3 个月的货品应考虑退货给原供货商或折价处理，以免后来发生过期退货或品质变质而造成顾客抱怨，影响整个作业进行。

9. 叠高的原则

所谓叠高的原则，是像堆积木般将物品叠高。利用栈板等工具来将物品堆高的容积效率要比平置方式高。但若在诸如一定要先进先出等库存管理限制条件很严时，一味地往上叠并非最佳的选择，还应考虑使用合适的料架或积层架等保管设备，以使叠高不至影响出货效率，如图 3-2 所示。

10. 面对通道的原则

所谓面对通道原则是指在保管作业时把物品上有可识别的标号、名称面对通路来保管，让作业员更加容易、更为简单地辨识。为了使物品的储存、拣选能够容易且有效地进行，物品就必须要面对通道来保管，这也是使物流中心内作业能流畅进行及活性化的基本原则。

11. 产品尺寸原则

在布置仓库时，同时要考虑物品单位大小及由于相同的一群物品所形成的整批形状，以便能提供适当的空间来满足某一特定的需要。所以在划分储存区域时，必须要有不同大小位置的变化，用以容纳一切不同大小的物品和不同的容积。若未考虑储存物品单位大小，将可能造成储存空间太大而浪费空间，或储存空间太小而无法存放。未考虑储存物品整批形状也可能造成整批形状太大无法同处存放（数量太多）或浪费储存空间（数量太少）。

12. 重量特性原则

所谓重量特性原则，是按照物品重量的不同来决定储放物品在保管场所的高低位置。一般而言，重物应保管于地面上或料架的下层位置，而重量轻的物品则置于料架的上层位置。此原则对于料架的安全性及人工搬运的可作业性有很大的意义，如图3-3所示。

图3-2 货物叠高

图3-3 货物重量

13. 产品特性原则

保管时必须要考虑其产品的特性，如饼干和香皂，容易气味相混。而危险的化学药剂、清洁剂，也应独立区隔放置，并且作业时应戴上安全护套。此原则的优点在于不仅能随物品特性而有适当的储存设备保护，且容易管理与维护。

> **知识卡**
>
> **产品特性**
>
> 不仅涉及物品本身的危险及易腐性质，同时也可能影响其他物品。彼此易互相影响的产品应分开放置。

14. 储位表示原则

所谓储位表示原则，指把保管物品的位置给予明确表示。此原则主要目的在于将存取单元化，并能减少其间的错误。尤其在临时人员、高龄作业人员不少的仓库，此原则更为必要。

15. 明了（表示）性原则

所谓明了性原则，系指利用视觉，使保管场所及保管品能够容易识别的原则。此原则对上面介绍的储位表示原则、同一性原则及叠高原则等都能顾及，如采用颜色、看板、布条、标示符号等方式，让作业人员一目了然，且能产生联想而帮助记忆。

四、现代保管的基本技术

在仓库中储存的物品，除因事故造成损失外，物品由于受到自然环境中的日晒、雨淋、潮湿、高温、冻害、虫害、灰尘等的影响和储存时间的延长而发生变化，引起物品锈蚀、霉烂、老化、潮解、熔化、挥发、自燃等变质现象，从而使物品部分失去或完全丧失使用价值。物品保管工作就是根据物品的物理、化学性质及所处的自然条件，自觉地采取延缓物品变化的一项技术。

物品保管技术内容主要包括：仓库的温湿度管理与调节，对金属及其制品进行防锈、除锈处理，防止物品发生霉菌和虫害的侵蚀及冷藏冷冻等几个方面的技术。

1. 仓库温湿度管理与调节技术

温湿度是影响物品质量变化的主要因素。一般物品在储存保管期间，都要求有一个适宜的温湿度。如果仓库的温湿度超出了一定的限度，物品的性质就会发生变化。搞好仓库的温湿度管理与调节，是物品保管技术工作中一项很重要的内容。

控制和调节库房温湿度一般用的方法是：通风、密封、吸潮等。

（1）通风　通风是根据空气自然流动规律，有计划地组织库内外的空气交换，以达到库内温湿度所要求的范围。

对库房进行通风，一般是由于库房内温度高，湿度大，不适宜物品的保管。采用通风的方法调节仓库的温湿度，必须根据物品的性质所要求的温湿度条件，对比库内和库外的温湿度情况，并参考当时的气候情况（风力、风向等）来进行。不适宜的通风，反而会使库内空气条件变得更不适合储存物品的要求，因此，选择通风时机就显得很重要。

> **动脑筋**
>
> 哪种控制与调节方法最常用？

根据空气温湿度日变化规律，基本上可以确定各种物品适宜的通风时间。

（2）密封　密封是指采用一定的方法，将储存物品尽可能严密地封闭起来，以防止和减弱外界空气对物品的影响，达到安全储存的目的。密封与通风、吸潮等方法结合起来，可起到防霉、防潮、防锈、防虫等作用。

仓库常用的密封方法有货架密封、货垛密封、库内小室密封、整库密封等。

（3）吸潮　用吸潮剂或去湿机除湿是降低空气湿度的一种有效方法。尤其在梅雨季节或阴雨天，当库内湿度过大，而库外湿度更高时，只能采用吸潮方法来降低库内湿度。

机械吸湿，即采用空气去湿机吸湿。其工作原理是：用压缩泵将制冷剂通过一组吸热管循环吸热，使空气中水蒸气达到露点，凝结成水，集中排去。

2. 金属的防锈技术

防止金属锈蚀是保管技术中较为重要的一项内容。在金属物品中，最容易被锈蚀的是以钢铁为原料的制品。金属锈蚀，由于受不同环境的影响，可分为大气锈蚀、海水锈蚀、土壤锈蚀、接触锈蚀等。产生这些锈蚀的根本原因有化学锈蚀、电化学锈蚀，以电化学锈蚀为最普通，最严重。

> **知识卡**
>
> **常用吸潮剂**
>
> 生石灰、氯化钙、硅胶、木炭、炉灰等。

金属材料及其制品在储存过程中根本的防锈方法是：防止或破坏产生化学和电化学腐蚀的条件产生。最经济有效的办法就是严格按照金属材料及其制品的保管要求来进行储存，杜绝促使金属锈蚀的一切因素。如果空气的相对湿度低于65%，则不管在什么气温下，金属都不易锈蚀。所以，保管金属首先要选择适宜的场所。如小型钢材、精密管材、金属制品及有色金属等均应存入库房，并应保持库房的干燥和清洁，妥善堆码、使用苫垫或密封。此外，仓库还可采取一种暂时性的保护措施，即在金属的表面涂覆防锈材料，使金属表面与环境隔开。这是一种短期的防锈法，随着时间的推移，防锈材料会逐渐失效，金属还会生锈。另外，这种喷涂防锈法，只适用于数量较少，保管条件要求较高的金属材料及制品的防锈。

金属防锈的主要方法是涂防锈油。金属涂油保护，是利用防锈油的特性，使水汽不能达到金属表面，从而达到防锈的目的。这种方法也叫作“油封”。

3. 金属的除锈技术

金属的除锈技术，可分为物理机械除锈技术和化学除锈技术两种。物理机械除锈技术又可分为人工除锈技术与机械除锈技术。

（1）人工除锈技术　人工除锈是用简单的除锈工具，如粗质的布粒、棕刷、钢丝刷、砂纸、刮刀等，通过人的手工操作来对金属制品上的锈斑、锈痕除去的一种技术。

（2）机械除锈技术　机械除锈一般有抛光除锈技术、钢丝轮除锈技术和喷射除锈技术三种。

（3）化学除锈技术　金属的锈蚀物主要是金属氧化物，化学除锈技术就是用酸溶液与这些金属氧化物发生反应，使其溶解在酸溶液中，达到将锈蚀物从金属表面除去的目的。化学除锈的酸溶液一般采用硫酸、盐酸和磷酸，多用于齿轮、轴承、量具、刃具及中小型部件的除锈。

（4）电化学除锈技术　电化学除锈是指将需要除锈的金属制品浸入电解液中，并接上电源，通过电化学作用除去锈蚀物的方法。电化学除锈主要用于形体较大的金属制品。

4. 霉变防治技术

霉菌是一种微生物，它们遇到适宜的环境，生产繁殖很快。霉菌对橡胶及其制品，纤维制品等物资影响很大，造成霉烂变质。

资料库

霉变防治

1. 日光对多数微生物影响很大，日光直射1~4h，微生物便会大部分死亡。
2. 改变微生物影响霉变的环境条件，用药剂抑制或杀害寄生在物品上的霉腐微生物。

库存物品并不是在任何条件下都会发生霉变，水分是微生物生存和繁殖的必备条件之一。物品在75%以上的相对湿度下储存时，引起物品含水量的增加，给微生物提供了吸收养料的外界条件。所以，称75%相对湿度为物质霉变的临界湿度。多数微生物生存的最低湿度是80%~90%，在95%时，生长非常旺盛；低于75%时，多数物品不易被霉腐。

温度是微生物生长存在的第二必备条件。微生物在25~35℃时生长最好，在10℃以下时便不易生长，在40℃以上时则停止活动，80℃时多数微生物死亡。

5. 虫害的防治

仓库虫害的防治具体方法有：清洁卫生防治法、物理机械防治法、化学药剂防治法。

知识检验

一、填空题

1. 控制和调节库房温湿度一般用的方法是________、________、________。
2. 根据营运形态分类有________仓库、________仓库、________仓库。

二、选择题

1. 公共仓库是第三方物流，它的经济效益（　　）企业自设仓库。
   A. 低于　B. 等于　C. 不能比较　D. 高于
2. 企业自设仓库的最大好处是（　　）。
   A. 灵活　B. 便利　C. 经济　D. 可出租
3. 根据保管形态分类，仓库分为（　　）。
   A. 普通仓库　B. 保税仓库　C. 公共仓库
   D. 保温仓库　E. 特种仓库　F. 水上仓库

三、简答题

1. 仓库的货物保管原则有哪些？
2. 仓库合理布局有哪些具体要求？
3. 金属的除锈技术有哪些？

课题三 库存管理与零库存

一、库存与库存管理

1. 库存的含义

库存是指处于储存状态的商品，是储存的表现形态。库存是仓储的最基本的功能，除了进行商品储存保管外，它还具有整合需求和供给，维持物流系统中各项活动顺畅进行的功能。企业为了能及时满足客户的订货需求，就必须经常保持一定数量的商品库存。配送中心为了维持配送的顺利进行就必须预先储存一定数量的商品来满足订货需求。企业存货不足，会造成供货不及时、供应链断裂，丧失市场占有率或交易机会；整体社会存货不足，会造成物资贫乏、供不应求。而商品库存需要一定的维持费用，同时还存在由于商品积压和损坏而产生的库存风险。因此，在库存管理中既要保持合理的库存数量，防止缺货和库存不足，又要避免库存过量，发生不必要的库存费用。

> **动脑筋**
>
> 没有库存会有哪些后果？

2. 库存的分类

按照企业库存管理的目的的不同，库存可分为以下几种类型：

（1）经常库存　经常库存也叫周转库存，是指在正常的经营环境下，企业为满足日常需要而建立的库存。经常库存的目的是为了衔接供需，缓冲供需之间在时间上的矛盾，保障供需双方的经营活动都能顺利进行。这种库存的补充是按照一定的数量界限或时间间隔反复进行的。

（2）安全库存　安全库存是指为用于缓冲不确定性因素（如大量突发性订货、交货期突然延期等）而准备的库存。根据资料显示，这种缓冲库存约占零售业库存的1/3。

（3）加工和运输过程库存　加工库存是指处于流通加工或等待加工而处于暂时储存状态的商品。运输过程的库存是指处于运输状态（在途）或为了运输的目的（待运）而暂时处于储存状态的商品。

（4）季节性库存　季节性库存是指为了满足特定季节中出现的特定需求而建立的库存，或指对季节性生产的商品在出产的季节大量收储所建立的库存。

（5）促销库存　促销库存是指为了应付企业的促销活动产生的预期销售增加而建立的库存。

（6）时间效用库存　时间效用库存是指为了避免商品价格上涨造成损失，或为了从商品价格上涨中获利而建立的库存。

（7）沉淀库存或积压库存　沉淀库存或积压库存是指因商品品质变坏或损坏，或者是因没有市场而滞销的商品库存，还包括超额储存的库存。

3. 库存的作用

（1）缩短订货提前期　制造企业维持一定量的成品库存，顾客就可以很快采购到他们所需要的物品，这样就缩短了顾客的订货提前期，加快了社会生产的速度，也使供应厂商争取到顾客。

（2）稳定作用　在激烈的市场竞争中，企业外部需求的不稳定性是正常现象，而生产的均衡性又是企业内部组织生产的客观要求。为此，既要保证满足需方的要求，又要使供应方的生产均衡，处于供应链上的每一个企业就需要维持一定数量的成品库存。

动脑筋

库存的优势体现在哪里？

（3）分摊订货费用　需要一件物品就采购一件，则企业可以不需要库存，但这样做不一定经济，因为订货需要一笔费用，而这笔费用摊在一件物品上将是很高的；但若一次采购一批，则分摊在每一件物品上的订货费用就少了，只不过是这样会产生库存而已。

（4）防止中断　在生产过程中维持一定量的在制品库存，可以防止生产中断，这是因为当某道工序的加工设备发生故障时，如果该工序有在制品库存，其后续工序就不会中断。

4. 库存合理化

库存合理化是指以最经济的方法和手段从事库存活动，并发挥其作用的库存状态及其运行趋势。具体来说，库存合理化包含以下内容：

（1）库存“硬件”配置合理化　库存“硬件”是指各种用于库存作用的基础设备。实践证明，物流基础设施和设备数量不足，其技术水平落后，或者设备过剩、闲置，都会影响库存功能作用的有效发挥。如果设施和设备不足，或者技术落后，不但库存作业效率低下，而且也不可能对库存物资进行有效的维护和保养。如果设施和设备重复配置，以至库存能力严重过剩，也会增加被储物资的成本而影响库存的整体效益。因此，库存“硬件”的配置应以能够有效地实现库存职能，满足生产和消费需要为基准，做到适当合理地配置仓储设施和设备。

（2）组织管理科学化　库存组织管理科学化有这样几种表现：

1）存货物数量保持在合理的限度之内，既不能缺少，也不能过多。

2）货物存储的时间较短，货物周转速度较快。

3）货物存储结构合理，能充分满足生产和消费的需要。

4）货物存储空间合理，能充分满足不同的流通环节和不同地点的需要。

（3）库存结构符合生产力的发展需要　库存适当集中，除了有利于采用机械化、现代化方式进行各种操作外，更重要的是，它可以在降低存储费用和运输费用，以及在提供保供能力等方面取得优势。无数事实证明，以集中化的库存来调节生产和流通，在一定时期内，库存货物的总量会远远低于同时期分散库存的货物总量。因此，相对来说，其资金占有量是比较少的。与此同时，由于库存比较集中，存储货物的种类和品种更加齐全，在这样的结构下，库存的保供能力自然更加强大。

二、ABC 分类管理法

ABC 分类管理法是将库存物品按品种和占用资金的多少分为特别重要的库存（A 类）、

一般重要的库存（B类）和不重要的库存（C类）三个等级，然后针对不同等级分别进行管理与控制。

存货一方面占用了大量的资金，减少了企业利润，甚至导致亏损；但另一方面它又能够有效地缓解供需矛盾，使生产尽可能均匀进行，有时还能具备投机的功能，为企业盈利。它一方面要求人们不断改善经营管理水平，为实现零库存而努力；另一方面，又要求人们面对现实情况，使存货维持在一个特定水平，保持生产的正常进行，这就是存货管理的目的所在。

1. ABC分类的基本思想

ABC分类的指导思想是20-80原则，它揭示了一个统计规律，即20%的少量因素带来了80%的大量结果。如20%的产品带来了80%的利润，20%的客户提供了80%的订单，20%的供应商造成了80%的延迟交货等。当然，这里的20%或80%不是绝对的，也可能是25%和75%，或30%和70%。它只是提示人们：不同的因素在同一活动中起着不同的作用。在资源有限的情况下，我们的注意力应该放在起关键性作用的因素上，加强管理工作的针对性，提高效率，取得事半功倍的效果。

ABC分类管理法是在上述思想指导下，通过对大量存货物品进行分类，找出占用大量资金的少数物品，对它们进行重点的管理与控制；而对那些占用少量资金的大多数物品，则实施相对松一些的管理控制。这样就会比不分轻重缓急，平均对待的处理效果要好得多。在做法上，首先是根据管理控制的需要，如物流成本、物品特性、用户性质、重要性等，选定划分标准。

知识卡

ABC分类

一般将占用65%~80%价值的15%~20%的物品划为A类物品；将占用15%~20%价值的30%~40%的物品划为B类物品；将占用5%~15%价值的40%~55%的物品划为C类物品。

2. ABC管理方法

将存货划分为A、B、C三类之后，我们就可以对不同种类的物品进行轻重有别的管理。就成本控制而言，对价值较低的C类物品，应维持相对较高的库存数量以避免缺货；对价值较高的A类物品，则应利用节省下来的时间、精力、资金等资源，集中力量进行重点分析与控制，其结果是不仅能够压缩总存货量，大大减少占用资金，而且还能使存货结构合理化，节约管理力量。具体做法如下：

A类——尽可能进行严密控制，包括最精确、完整的作业记录，最高的作业优先权，高层次管理人员经常检查，精确计算，制订订货点和订货批量，将安全库存量控制到最小，实行严密的用户跟踪措施，采取一定的技术性措施进行保管等，尽量将库存控制在最低水平。

B类——正常控制，即按正常的企业经营方式来调节库存数量，包括作业记录，按固定时间检查；按经济批量订货等；在力所能及的范围内，适度降低库存；在保管上，可按购销情况、出入库频度，适当码堆摆放。

C类——尽可能简单控制，减少管理工作量。如进行简单的作业记录，检查次数减少，降低优先作业次序；保持较大的安全库存量；加长订货时间间隔，进行集中大量订货（如通过半年一次的盘存来补充库存）等。

三、零库存管理

1. 概述

（1）零库存的概述　“零库存”是一种特殊的库存概念，零库存的含义是以仓库储存形式的某种或某些种物品的储存数量很低的一个概念，甚至可以为“零”，即不保持库存。

不以库存形式存在就可以免去仓库存货的一系列问题，如仓库建设、管理费用、存货维护、保管、装卸、搬运等费用，以及存货占用流动资金和库存物的老化、损失、变质等问题。

零库存技术是在生产与流通领域按照JIT组织物资供应，使整个过程库存最小化的技术总称。零库存是对某个具体企业、具体商店、车间而言，是在有充分社会储备保障前提下的一种特殊形式。虽然现代科学技术和管理技术可以把零库存的控制区域，从一个车间延伸到一个工厂再延伸到相关的社会流通系统，但是在整个社会再生产的全过程中，零库存只能是一种理想，而不可能成为现实。没有社会储备的保障，没有适当的供大于求的经济环境，零库存也是很难实现的。

（2）零库存实现方式

1）依靠新的生产力，以技术手段实现零库存。采用新的技术装备和生产工艺，例如，把“岛式”生产改为连续生产方式，采用轮动式的生产线，可以在整个生产流程的过程中，实现环节之间、车间之间的零库存。

2）依靠调整生产关系，以管理手段实现零库存。采用诸如物流联盟、供应链等企业协作的方式，采用配送的方式，采用看板管理方式等，依托于信息技术，依靠准确的计划衔接，可以实现制造企业内部的、企业内部与外部的、社会流通系统某些环节的零库存。

（3）不同领域的零库存　零库存可以在销售系统的销售库存、供应系统的供应库存、生产系统的生产库存、储备系统的储备库存及社会流通系统的流通库存中实现。无论哪个领域的零库存，均需要有一定的社会经济条件和市场条件的支持。

1）销售系统的销售零库存。一般来讲，在买方市场环境下，产品的供给量总是要大于或略大于产品的需求量。企业以充足的商品去开拓市场和占领市场，就必须杜绝缺货。一旦缺货，市场份额就会被竞争对手所占有。因此，保持一定的销售库存不仅是产品供给过剩决定的，也是市场竞争的需要。所以这种市场环境下，一般不可能实现销售系统的零库存。实现销售系统的零库存，需要依靠求大于供的市场环境，这种市场环境可能在以下几种情况下形成：①计划经济时期的卖方市场环境，由于短缺经济的主导作用，处于物资短缺的状况下，企业可以不保持销售库存；②对于稀缺资源，采取控制的办法创造短缺的环境，这种方式即使在市场经济的买方市场条件下，也可以依靠管理来实现。

2）供应系统的供应零库存。在买方市场环境下，由于产品供大于求，买方有主导权，就可以设计出各个领域的零库存。这个零库存的前提条件，是有充足的社会供应保障。当然，现代的管理方法和科学技术手段是不可缺的。

3）生产零库存。生产零库存的前提条件也是应当有一个外部供应的保障。在这种环境下，生产过程中才可以采用先进的工艺技术实现零库存。

4）社会流通领域的流通零库存。作为只有供、销双重职能的社会流通，是实现零库存难度较大的一个领域，也是第三方物流、供应链等先进流通方式的奋斗目标。

5）储备领域的零库存。一般认为，这是不可能实现零库存的领域，除非出现了异常的储备枯竭。但是，如果采用无库存储备等特殊方法也可以实现。

2. 几种主要的零库存方法

供应链物流、第三方物流和其他的新型物流系统，都把零库存服务作为对客户服务的一项重要的形式。企业为了降低成本，在自己组织物流系统时，也把零库存作为降低成本、提高整个经营水平的一项工作。资源计划方法可以实现零库存的计划，但是，零库存的实现必须依靠有效的实物物流系统来完成，只有计划方法是不够的。

具体实现零库存的方法有以下若干项：

（1）委托保管方式　接受用户的委托，由受托方代存代管所有权属于用户的物资，从而使用户不再保有库房，甚至可不再保有保险储备库存，从而实现零库存。

（2）协作分包方式　即美国的“Sub-Con”方式和日本的“下请”方式。它主要是制造企业的一种产业结构形式，这种结构形式可以以若干分包企业的柔性生产准时供应，使主企业的供应库存为零；同时，主企业的集中销售库存使若干分包劳务及销售企业的销售库存为零。

> **动脑筋**
>
> 如何实现零库存？

在许多发达国家，制造企业都是以一家规模很大的主企业和数以千百计的小型分包企业组成一个金字塔形结构。主企业主要负责装配和产品开拓市场的指导，分包企业各自分包劳务、分包零部件制造、分包供应和分包销售。例如，分包零部件制造的企业，可以采取各种生产形式和库存调节形式，以保证按主企业的生产速率按指定时间送货到主企业，从而使主企业不再设一级库存，达到零库存的目的。

（3）轮动方式　轮动方式也称为同步方式，是在对系统进行周密设计前提下，使各个环节速率完全协调，从而根本取消库存甚至是工位之间暂时停滞的一种零库存形式。

（4）准时供应系统（JIT）　在生产工位之间或在供应与生产之间完全做到轮动，这不仅是一件难度很大的系统工程，而且，需要很大的投资；同时，有一些产业也不适合采用轮动的方式。因而，广泛采用比轮动方式有更多灵活性、较容易实现的准时方式。准时方式不是采用类似于传送带的轮动系统，而是依靠有效的衔接和计划，达到工位之间、供应与生产之间的协调，从而实现零库存。

（5）看板方式　它是准时方式中的一种简单有效的方式，也称为“传票卡制度”或“卡片”制度，是日本丰田公司首先采用的。在企业的各工序之间，或在企业之间，或在生产企业与供应者之间，采用固定格式的卡片为凭证，由下一环节根据自己的节奏，逆生产流程方向，向上一环节指定供应，从而协调关系，做到准时同步。采用看板方式，有可能使供应库存实现零库存。

（6）水龙头方式　它是一种像拧开自来水龙头就可以取水一样而无须自己保有库存的零库存形式，这是日本索尼公司首先采用的。这种方式经过一定时间的演进，已发展成即时供应制度，用户可以随时提出购入要求，采取需要多少就购入多少的方式。供货者以自己的库存和有效供应系统承担即时供应的责任，从而使用户实现零库存。适于这种供应形式实现零库存的物资，主要是工具及标准件。

（7）无库存储备　国家战略储备的物资，往往是重要物资，战略储备在关键时刻可以发挥巨大作用，所以几乎所有国家都要有各种名义的战略储备。由于战略储备的重要，一般这种储备都保存在条件良好的仓库中，以防止其损失，延长其保存年限。因而，对战略储备物质实现零库存几乎是不可想象的事。无库存储备是仍然保持储备，但不采取库存形式，以此达到零库存。有些国家将不易损失的铝这种战略物资作为隔声墙、路障等储备起来，以备万一，在仓库中不再保有库存就是一例。

（8）配送方式　采用灵活的配送方式，将会给企业带来效益。

知识检验

一、填空题

1. ABC管理法是将库存物品按品种和占用资金的多少分为特别________（A类）、________（B类）和________（C类）三个等级，然后针对不同等级分别进行管理与控制。

2. 零库存的含义是________________________。

二、选择题

1. 适度集中存储与过分集中储存相比的优势是（　　）。

A. 成本低　　B. 便于管理
C. 储物进出方便　　D. 缩小储存点与用户的距离

2. 零库存主要用于（　　）制造企业中。

A. 货源多，进货快　　B. 成批固定生产
C. 社会储备充足　　D. 生产计划严密

3. ABC分析法的核心是（　　）。

A. 抓住影响收益最大的关键少数商品　　B. 抓住主要商品
C. 分清主次商品　　D. 将现有商品分为ABC三类

4. ABC分析法将物品分为A、B、C三类，A类物品占累计物品数量的（　　）。

A. 60%以上　　B. 50%以下
C. 30%～40%　　D. 30%以下

三、简答题

什么是ABC分类管理法？如何进行ABC分类？

课题四　技能训练

任务描述

调查当地的仓储企业，谈谈当地的仓储作业有哪些，有什么工作岗位的，是什么类型的。

任务目的

考核学生对仓储企业的了解程度。

任务实施

调查当地的仓储企业，填写任务书。

任 务 书

学生姓名：__________

仓储企业名称：__________

一、仓储企业概况

1. 企业以什么货物为主？

2. 企业的经营理念是什么？

3. 企业的工作岗位有哪些？

4. 企业的规模（　　）。

A. 企业人数在 50 人以下　　B. 企业人数在 50～100 人

C. 企业人数在 100～200 人　　D. 企业人数在 200 人以上

二、观察仓储企业的布局优势及保管技术

1. 仓储企业的布局有哪些优势？

2. 该企业利用了哪些保管技术？

3. 你觉得该企业库存有哪些不足之处？

三、访后感

谈谈参观仓储企业之后的感想及自身努力的方向。

任务评价

项目（或任务）编号		学时		学生姓名		总分	

类别	序号	评价项目	评价内容及要求	评价标准	配分	学生自评	学生互评	教师评价	得分
岗位技能评价	1	任务书完成程度	能够完成任务书	不能完成无分	30				
	2	运用知识能力	能够准确填写任务书	不能准确填写无分，能准确填写一部分减分	30				
	3	完成时间	按时完成任务	不按时完成无分	10				
职业素质评价	4	安全生产	遵守企业安全操作规程	不遵守有关规定减分	10				
	5	文明生产	遵守实训室文明生产规则	不遵守有关规定减分	10				
	6	沟通交流	积极主动性强	不积极沟通减分	5				
	7	团队合作	合作参与意识好	合作不好减分	5				

注：按学生自评占20%、学生互评占30%、教师评价占50%计算总分。

任务小结

授课班级		授课时间		授课地点	
授课教师			任务名称		
学生表现					
存在问题及改进方法措施					

任务拓展

一汽大众汽车有限公司的"零库存"管理

一汽大众汽车有限公司（以下简称"大众公司"）认为，在制品是万恶之源，大量库存会带来种种弊端。现在，大众公司已基本实现零部件的"零库存"。大众公司目前仅捷达车就有七八十个品种、十七八种颜色，而每辆车都有2000多种零部件需要外购。从1997年到2000年末，公司捷达车销售量从4万多辆一路跃升至9万多辆，市场兑现率已高达95%至97%。但公司零部件却基本处于"零库存"状态，这主要是因为公司有一整套较为完善的物流控制系统的缘故。

大众公司的零部件送货形式有三种：第一种是电子看板，即公司每月把生产需要数量用扫描的方式通过电脑网络传送各供货厂，对方根据这一信息安排自己的生产，然后公司按照生产情况发出供货信息，对方则马上用自备车辆将零部件送到公司各车间的入口处，再由入口处分配到车间的工位上。第二种是"准时化（Just in time）"，即公司按过车顺序把配货单传送到供货厂，对方也按顺序装货直接把零部件送到工位上，从而取消了中间的仓库环节。第三种是批量进货，供货厂每月对于那些不影响大局又没有变化的小零部件分批量地送一到两次。大众公司每天平均2h要一次零部件货，零部件在仓库的时间一般不超过一天。订货、生产零件、运送、组装等全过程均处于小批量、多批次的有序列流动中。

在整车车间，生产线上每辆车的车身上都贴着一张生产指令表，该表的内容包括零部件的种类和装配顺序。计划部门按装车顺序通过电脑网络向各供货厂下计划，供货厂按照顺序生产、装货，生产线上的工人按顺序组装，且保证他能一伸手就拿到所需的零部件。整车车间的一条生产线过去只生产一种车型，其生产现场已拥挤不堪；而如今在一条生产线同时组装两到三种车型的混流生产方式下，不仅做到了及时、准确，而且生产现场比原先节约人员近10%。此外，零部件的存储减少了，公司每年因此节约的成本达六七亿元人民币。同时，供货厂也减少了30%～50%的在制品及成品储备，从而大大地降低了库存成本。

问题讨论：

1. 为什么说库存是企业"第三个利润源泉"的重点所在？
2. 如果你作为一个企业的管理者，你是否也要实行"零库存"管理的模式？

单元四　运输管理

知识目标

1. 了解五种运输方式的优缺点。
2. 掌握选择运输方式需要考虑的因素。
3. 能够选择合理的运输方式。

技能目标

- 质量要求：能很好地运用所学知识完成任务。
- 方法要求：熟悉五种运输方式优缺点，合理进行运输方式选择。

案例导入

某一品牌电脑的“生命过程”如图4-1所示。

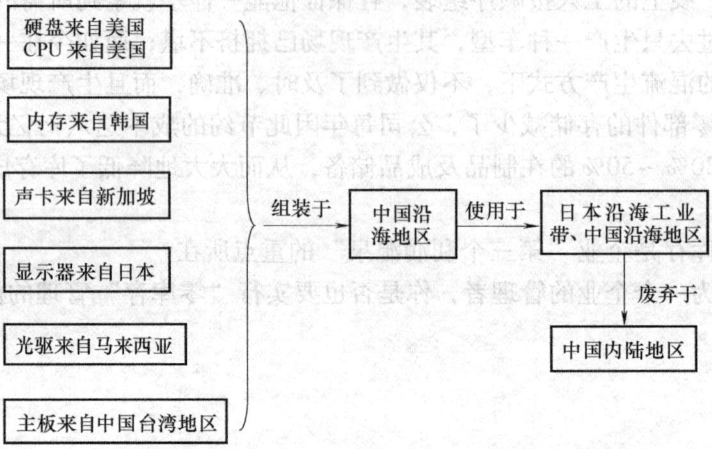

图4-1　某一品牌电脑的“生命过程”

问题

为什么要进行这么多次地点的转换？
这一个品牌电脑在它的“生命过程”中需要经历哪些交通运输方式？

课题一 运输概述

一、运输功能

运输是用专用运输设备将物品从一个地点向另一地点运送，其中包括集货、分配、搬运、中转、装入、卸下、分散等一系列操作。运输是物流作业中最直观的要素之一。运输提供两大功能：运送功能和储存功能。

1. 运送功能

运输的主要目的是要以最低的时间、财务和环境资源成本，将物品从原产地转移到规定地点。运输的主要功能就是物品在价值链中的来回移动。既然运输利用的是时间资源、财务资源和环境资源，那么，只有当它确实提高物品价值时，该物品的移动才是重要的。此外，物品灭失损坏的费用也必须是最低的；同时，物品转移所采用的方式必须能满足顾客有关交付履行和装运信息的可得性等方面的要求。

2. 储存功能

对物品进行临时储存是一个不太寻常的运输功能，即将运输车辆临时作为相当昂贵的储存设施。然而，如果转移中的物品需要储存，但在短时间内（如几天后）又将重新转移的话，那么，该物品在仓库卸下来和再装上去的成本也许会超过储存在运输工具中每天支付的费用。在仓库空间有限的情况下，利用运输车辆储存也许不失为一种可行的选择。尽管运输工具储存物品可能是昂贵的，但当需要考虑装卸成本、储存能力限制，或延长前置时间的能力时，那么从总成本或完成任务的角度来看往往却是正确的。

二、运输原理

指导运输管理和营运的两条基本原理分别是规模经济和距离经济。

1. 运输的规模经济

规模经济的特点是随装运规模的增长，使每单位重量的运输成本下降。例如，整车装运（TL）（也即利用整个车辆的能力进行装运）的每磅成本低于零担装运（LTL）（也即利用部分车辆能力进行装运）。运输规模经济之所以存在，是因为与转移一票货物有关的固定费用可以按整票货物的重量分摊。因而，一票货物越重，就越能“摊薄”成本，由此使每单位重量的成本更低。与货物转移有关的固定费用中包括接收运输订单的行政管理费用、定位运输工具装卸的时间费用、开票费用，以及设备费用等。这些费用之所以被认为是固定的，是因为它们不随装运的数量而变化。

2. 运输的距离经济

> **动脑筋**
> 规模经济与距离经济的异同？

距离经济的特点是指每单位距离的运输成本随距离的增加而减少。运输的距离经济亦指递减原理，因为费率或费用随距离的增加而逐渐减少。距离经济的合理性类似于规模经济。尤其是，运输工具装卸所发生的相对固定的费用必须分摊每单位距离的变动费用。距离越长，可以使固定费用分摊给更多的公里，导致每公里支付的总费用更低。

在评估各种运输战略方案或营运业务时，这些原理就是重点考虑因素。其目的是要使装运的规模和距离最大化，同时仍要满足顾客的服务期望。

三、运输作业的关键因素

从物流系统的观点来看，成本、速度和一致性是运输作业的三个至关重要的因素：

1. 运输成本

运输成本是指为两个地理位置间的运输所支付的款项以及管理和维持转移中的存货的有关费用。

2. 运输速度

运输速度是指为完成特定的运输作业所需花费的时间。运输速度和成本的关系，主要表现在以下两个方面：首先，运输商提供的服务越是快速，他实际需要收取的费用也就越高。其次，运输服务越快，转移中的存货就越少，可利用的运输间隔时间越短。因此，在选择最合理的运输方式时，至关重要的问题就是如何平衡其服务的速度和成本。

3. 运输的一致性

运输的一致性是指在若干次装运中履行某一特定的运输所需的时间与原定时间或与前几次运输所需时间的一致性。它是运输可靠性的反映，也可以看作是高质量运输的最重要的特征。如果给定的一项运输作业第一次花费了2天时间，而第二次却花费了6天时间，这种意想不到的变化就会使物流作业产生严重的问题。运输一致性会影响买卖双方承担的存货义务和有关风险。如果运输作业缺乏一致性，就需要增加安全储备存货，以防措手不及的服务故障。

四、运输与物流其他环节的关系

1. 运输与包装的关系

物资的包装材料、包装规格、包装方法等都不同程度的影响运输。因为包装的外廓尺寸与承运车辆的内部尺寸构成可约倍数时，车辆的容积才可以得到最充分的利用。另外包装的成本也与运输的效果有着“效益悖反”的关系。

资料库

效益悖反：一种活动的高成本，会因另一种物流活动成本的降低或效益的提高而抵消的相互作用关系。

2. 运输与装卸的关系

装卸是运输的影子，有运输活动发生就必然有装卸活动。一般一次运输伴随两次装卸活动，装卸质量将影响运输的质量，如果装卸不好，在途中进行二次装卸将影响运输时间。装卸是各种运输方式的衔接手段。

3. 运输和储存的关系

运输活动组织中不确定因素的存在会导致物资在生产者仓库中的存放时间延长，因为运输组织中的不确定因素会使生产者的安全库存数量增大。

4. 运输与配送的关系

运输是将货物大批量、长距离地从生产工厂直接送达客户或配送中心；配送是将货物再从配送中心就近发送到地区内各客户手中。从整个物流环节来看，配送处于“干线末端运输”的位置。

五、运输的参与者

1. 托运人和收货人

托运人是货物托付承运人按照合同约定的时间运送到指定地点，向承运人支付相应报酬的一方当事人。托运人和收货人要求在规定的时间内以最低的成本将货物从起始地转移到目的地。运输服务中应包括具体的提取货物和交付货物的时间，预计运输时间，货物损失率以及精确和适时的交换装运信息和签发凭证。

2. 承运人

承运人是本人或委托他人以本人名义与托运人订立运输合同的当事人。承运人作为中间环节，他期望以最低的成本完成所要完成的运输任务，同时获得最大的运输收入。

3. 政府

运输对经济有影响，所以政府期望一种稳定有效的运输环境，以便经济维持增长。运输可以使物品有效地转移到各个地区，并使物品按合理的成本获得。

4. 公众

公众关注运输的可达性、费用和效果，还有环境和安全标准。

六、运输服务的提供者

1. 单一方式经营人

他们是仅利用一种运输方式提供服务的单一方式经营人，这种集中程度使承运人高度专业化，有足够的能力和高效率。航空公司、公路运输公司及铁路运输公司就是单一方式承运人的例子。

2. 专业承运人

由于铁路等承运人不提供小批量货物运输服务，于是专门化服务公司就乘机进入小批量装运服务市场或包裹递送服务市场，解决小批量的运输需求。如快递公司就属于专业承运人。

3. 多式联运经营人

多式联运经营人使用多种运输方式，利用各自的内在经济，在最低的成本条件下提供综合性服务，组成托运人眼中的“一站式”服务。

4. 中间商

> **知识卡**
>
> 多式联运是指按照多式联运合同，以至少两种不同的运输方式，由多式联运经营人将货物从接管地点运至指定交付地点的货物运输。

运输服务中间商通常不拥有或经营运输设备，但向其他厂商提供经济服务。他们的职能类似于营销渠道中批发商。典型的中间商开始从各种托运人手中汇集一定数量的装运，然后购买运输。中间商通常向托运人提供的费率在相应的装运批量上低于专业承运人的费率。中间商的利润率是向托运人收取的费率和向承运人购买的运输服务成本的差额。中间商可以免除承运人在大城市内承担的收取货物和交付货物的服务。主要有货运代理人、经纪人以及托运人协会。

（1）货运代理人（简称货代） 货物代理人是以赢利为目的，他们把来自各种顾客手中的小批量装运整合成大批量装载，然后利用专业承运人进行运输。在目的地，货代把大批量装载拆成原来的装运量。货代的主要优势在于大批量的装运可以获得较低的费率，而且在很多时候可以使小批量装运的速度快于个别托运人直接和专业承运人打交道的速度。

（2）托运人协会 托运人协会在作业上类似与货运代理人，把小批量的装载整合成大批量的装载可以获得成本经济。托运人协会是自愿组织起来的，不以赢利为目的，成员在频繁发运地设立办事处，办事处累计货运量，整合后运往成员所在地。成员自己支付装运费用，再分摊协会的固定费用。

（3）运输经纪人 实际上是运输代办，他是以收取服务费为目的，是替托运人、收货人和承运人协调运输安排的中间商。

知识检验

一、选择题

1. 运输提供的主要功能有（ ）。

A. 运送功能 B. 储存功能 C. 配货功能 D. 接收功能

2. 运输作业的三个至关重要的因素分别是（ ）。

A. 成本 B. 速度 C. 一致性 D. 服务

3. 运输的参与者有（ ）。

A. 托运人 B. 政府 C. 公众 D. 承运人

4.（ ）是以赢利为目的，他们把来自各种顾客手中的小批量装运整合成大批量装载，然后利用专业承运人进行运输。

A. 货物代理人 B. 托运人协会 C. 运输经纪人 D. 联运经营人

二、判断题

1. 距离经济的特点是每单位距离的运输成本随距离的增加而增加。（ ）

2. 运输的一致性是指在若干次装运中履行某一特定的运输所需的时间与原定时间或与前几次运输所需时间的一致性。（ ）

三、简答题

1. 什么是运输？

2. 指导运输管理和营运的基本原理是什么？

课题二 运输方式的选择

一、各种运输方式的比较

运输的工具主要是车、船、飞机、管道等，相应的运输的方式也有铁路、公路、航空、水路和管道五种。现选取部分特征对几种运输方式进行比较（表4-1）。

表 4-1 各种运输方式的比较

比较项目	铁路	公路	水路	航空	管道
成本	中	中	低	高	很低
速度	快	快	慢	很快	很慢
频率	高	很高	有限	高	连续
可靠性	很好	好	有限	好	很好
可用性	广泛	有限	很有限	有限	专业化
距离	长	中、短	很长	很长	长
规模	大	小	大	小	大
能力	强	强	最强	弱	最弱
适用范围	适合于在内陆地区运送中、长距离，大运量，时间性强，可靠性要求高的一般货物和特种货物	适宜在内陆地区运输短途旅客、货物	综合优势较为突出，适宜于运距长，运量大，时间性不太强的各种大宗物资运输	适宜长途旅客运输和体积小、价值高的物资，鲜活产品及邮件等货物运输	石油、天然气及固体料浆（如煤炭等）

二、影响运输选择的要素

决定运输方式，可以在考虑具体条件的基础上，对下述五个具体项目认真研究考虑：

（1）货物品种　货物品种及性质、形状，应在包装项目中加以说明，选择适合这些货物特性和形状的运输方式，货物对运费的负担能力也要认真考虑。

（2）运输期限　运输期限必须与交货日期相联系，应保证运输时限。必须调查各种运输工具所需要的运输时间，根据运输时间来选择运输工具。运输时间的快慢顺序一般情况下依次为航空运输、铁路运输、汽车运输、船舶运输。各运输工具可以按其速度编组来安排日程，加上它的两端及中转的作业时间，就可以算出所需的运输时间。在商品流通中，要研究这些运输方式的现状，进行有计划的运输，希望有一个准确的交货日期是基本的要求。

（3）运输成本　一般认为运费和运输时间是最为重要的选择因素，具体进行选择时则应从运输需要的不同角度综合地加以权衡。这里必须注意的是运输服务与运输成本之间；运输成本与其他物流成本之间存在"效益悖反"。若要保证运输的安全、可靠、迅速，成本就会增多；若要减低仓储费用而频繁地使用飞机，成本也会增多。而在选择运输方式时，应当以系统的角度出发并从总体成本作为依据，而不仅只考虑运输成本。

知识链接

运输成本构成（固定成本和变动成本）

固定成本指那些在一定的相关范围内发生额不受业务量变动影响的成本项目。也就是说，生产产品的业务量在一定的范围内变动，固定成本的总额仍能保持不变；但是从单位产品的成本来看，就正好相反，随着业务量的增加，单位产品分摊的固定成本的份额会相应减少。因为单位成本 = 固定成本总额/产量 + 变动成本，而固定成本在一定产量范围内始终保持不变。例如，车辆折旧、保险及公路规费属于固定成本。

变动成本与固定成本相反，变动成本是指那些成本的总发生额在相关范围内随着业务量的变动而呈线性变动的成本项目。例如，桥路费、油料费、轮胎费、材料费及人员工资等构成的运输变动成本。在一定期间内它们的发生总额随着业务量的增减而成正比例变动，但单位产品的耗费则保持不变。

（4）运输距离　从运输距离看，一般情况下可以依照以下原则：300km 以内，用汽车运输；300～500km 的区间，用铁路运输；500km 以上，用船舶运输。一般采取这样的选择是比较经济合理的。

动脑筋

选择最佳运输方式

1）运距 < 80km 时，最廉价的运输方式是________。

2）80km < 运距 < 550km 时，最廉价的运输方式是________。

3）运距 > 550km 时，最廉价的运输方式是________。

4）最昂贵的运输方式是________，它适合运送的货物特点是________。

5）一批鲜花从昆明运到香港市场应采取的运输方式是________，100t 工业品从西宁运到拉萨应选择________运输。

（5）运输批量　一般来说，15～20t 以下的商品用汽车运输；15～20t 以上的商品用铁路运输；数百吨以上的原材料之类的商品，应选择船舶运输。

在各种运输方式中，如何选择适当的运输方式是物流合理化的重要问题。一般来讲，应从物流系统要求的服务水平和允许的物流成本来决定，可以使用一种运输方式，也可以使用联运方式。

三、运输合理化

1. 不合理运输

不合理运输是在现有条件下可以达到的运输水平而未达到，从而造成了运力浪费、运输时间增加、运费超支等问题的运输形式。目前我国存在主要不合理运输形式有：

（1）返程或起程空驶　因调运不当，货源计划不周，不采用运输社会化而形成的空驶，是不合理运输的表现。

（2）对流运输　也称“相向运输”“交错运输”，指同一种货物，或彼此间可以互相代用而又不影响管理、技术及效益的货物，在同一线路上或平行线路上作相对方向的运送，而与对方运程的全部或一部分发生重叠交错的运输称对流运输。已经制订了合理流向图的产品，一般必须按合理流向的方向运输，如果与合理流向图指定的方向相反，也属对流运输。

（3）迂回运输　是舍近求远的一种运输。当计划不周、地理不熟、组织不当而发生可以选取短距离进行运输而不办理，却选择路程较长路线进行运输的一种不合理形式，属于不合理运输。如果最短距离有交通阻塞、道路情况不好或有对噪声、排气等特殊限制而不能使用时发生的迂回，不能称不合理运输。

（4）重复运输　本来可以直接将货物运到目的地，但是在未达目的地，或目的地之外的其他场所将货卸下，再重复装运送达目的地，是重复运输的一种形式。另一种形式是，同品种货物在同一地点一面运进，同时又向外运出。重复运输的最大毛病是增加了非必要的中间环节，这就延缓了流通速度，增加了费用，增大了货损。

（5）倒流运输　是指货物从销地或中转地向产地或起运地回流的一种运输现象。其不合理程度要甚于对流运输，其原因在于，往返两程的运输都是不必要的，形成了双程的浪费。

（6）过远运输　是指调运物资舍近求远，近处有资源不调而从远处调，这就造成可采取近程运输而未采取，拉长了货物运距的浪费现象。过远运输占用运力时间长、运输工具周转慢、物资占压资金时间长，远距离自然条件相差大，又易出现货损，增加了费用支出。

（7）运力选择不当　运输单位没有选择各种运输工具优势而不正确地利用运输工具造成的不合理现象。

（8）托运方式选择不当　对于货主而言，在可以选择最好托运方式而未选择，造成运力浪费及费用支出加大的一种不合理运输。例如，本应选择整车，却采取零担托运，应当直达而选择了中转运输，应当中转运输而选择了直达运输等都属于这一类型的不合理运输。

> **知识卡**
>
> • 整车运输　凡托运方一次托运货物在3t及3t以上的，或虽不足3t但其性质、体积、形状需要一辆3t以上的汽车运输的业务为整车运输。
>
> • 零担运输　凡托运方一次托运货物不足3t的业务为零担运输。
>
> • 直达运输　指物品由发运地到接收地，中途不需中转的运输。
>
> • 中转运输　是中途经过至少一次落地并换装的运输。

2. 运输合理化的要素

由于运输是物流中最重要的功能要素之一，物流合理化在很大程度上依赖于运输合理化。运输合理化的影响因素很多，起决定性作用的有五方面的因素，称为合理运输的“五要素”：

（1）运输距离　在运输时，运输时间、运输货损、运费、车辆或船舶周转等运输的若干技术经济指标，都与运距有一定比例关系，运距长短是运输是否合理的一个最基本因素。

（2）运输环节　每增加一个运输环节，不但会增加起运的运费和总运费，而且必须要增加运输的附属活动，如装卸、包装等，各项技术经济指标也会因此下降。所以，减少运输环节，尤其是同类运输工具的环节，对合理运输有促进作用。

（3）运输工具　各种运输工具都有其使用的优势领域，对运输工具进行优化选择，按运输工具特点进行装卸运输作业，最大限度地发挥所用运输工具的作用，是运输合理化的重要一环。

（4）运输时间　运输是物流过程中需要花费较多时间的环节，尤其是远程运输，在全部物流时间中，运输时间占绝大部分。所以，运输时间的缩短对整个流通时间的缩短有决定性作用。此外，运输时间短有利于运输工具的加速周转，充分发挥运力的作用，有利于货主资金的周转，有利于运输线路通过能力的提高，对运输合理化有很大贡献。

（5）运输费用　运费在全部物流费中占很大比例，运输费用的降低是运输合理化的一个重要目标。运费的判断也是各种合理化实施是否行之有效的最终判断依据之一。

3. 运输合理化途径

以现代物流的标准衡量运输的合理化，可以从以下途径中寻求办法。

（1）减少运输数量，缩短运输距离　比如在农村或水果产地把粮食、蔬菜、水果进行精加工，然后再运往消费地是减少运输量的例子。在矿山附近建钢铁厂、在石灰岩山区建水泥厂等做法都是缩短运距的例证。减少运输数量，缩短运输距离，不仅可以节约能源、动力和人力，还能够降低物流成本，提高经济效益。

（2）科学选择运输方式，避免动力闲置浪费　五大运输方式，各有优势，各有不足。我们充分了解各种运输工具的优缺点后，要运用科学的方法，全方位的思维及精确的数理统计。比如利用飞机运输时，表面看来费用高，不经济划算，但仔细算起来也未必如此。有些货物利用航空运输，虽然运费增加了，但保管费、装卸搬运费、包装费可能减少了，物流的总成本不一定比利用火车运输成本高，而且还可能带来销售效益、市场效益或形象效益。避免动力闲置浪费的方法有很多。如防止车辆空载的办法有：充分利用专业运输队伍；周密制订运输计划；有效运用相关信息，如货源信息、道路交通状况信息、天气预报、同行业运输状况信息等；企业本身不过多地备用专用车辆。

（3）增强运输科技含量，提高运输效益　智能化运输是克服交通拥阻、减少事故、提高运输效率的一种手段。主要通过监控、信息通信等现代化方式，掌握道路交通状况，以便引导车辆运行，疏通道路交通，跟踪车辆，事故报警，保证交通运输安全。不仅交通指挥系统能总揽全局，及时疏导交通阻塞，而且司机也能根据各种交通信息随时改变行车路线，绕过塞车路段，减少行车时间。全球卫星定位运输系统，英文简称GPS。这是利用多颗卫星对地面运行的船舶、车辆进行跟踪监控的一种运输调度管理方式。这种运输管理方式以满足货主随时查寻货物的确切地点的要求，同时通过向运行的车辆或船舶提供气象、道路交通等信息，确保船舶航行安全，提高车辆运输效率。

知识卡

GPS是由美国建设和控制的一组卫星所组成的，24h提供高精度的全球范围的定位与导航信息的系统。

（4）推广共同配送。共同配送是运输合理化的主要途径之一，可以避免许多不合理运输，降低无谓的浪费。共同配送是指由多个企业联合组织实施的配送活动。它是在配送中心的统一计划、统一调度下展开的。共同配送有两种运作形式：①由一个配送企业对多家用户进行配送。②仅在送货环节上将多家用户待运送的货物混载于同一辆车上，然后按照用户的要求分别将货物运送到各个接货点，或者运到多家用户联合设立的配送货物接收点上。这种配送有利于节省运力和提高运输车辆的货物满载率。

（5）尽量发展直达运输　直达运输是追求运输合理化的重要形式，其对合理化的追求要点是通过减少中转换载，从而提高运输速度，省却装卸费用，降低中转货损。直达的优势，尤其是在一次运输批量和用户一次需求量达到了一整车时的表现最为突出。

（6）发展配载运输　配载运输是充分利用运输工具载重量和容积，合理安排装载的货物及载运方法，以求得合理化的一种运输方式。配载运输也是提高运输工具实载率的一种有效形式。配载运输往往是轻重商品的混合配载，在以重质货物运输为主的情况下，同时搭载一些轻泡货物，如海运矿石、黄沙等重质货物，在仓面捎运木材、毛竹等，铁路运矿石、钢材等重物上面搭运轻泡农、副产品等，在基本不增加运力投入及不减少重质货物运输情况下，解决了轻泡货物的搭运，因而效果显著。

（7）发展“四就”直拨运输　“四就”直拨是减少中转运输环节，力求以最少的中转次数完成运输任务的一种形式。一般批量到站或到港的货物，首先要进分配部门或批发部门的仓库，然后再按程序分拨或销售给用户。这样一来，往往出现不合理运输。“四就”直拨运输，首先是由管理机构预先筹划，然后就厂或就站（码头）、就库、就车（船）将货物分送给用户，而无须再入库了。

（8）发展特殊运输技术和运输工具　依靠科技进步是运输合理化的重要途径。例如，专用散装及罐车，解决了粉状、液状物运输损耗大、安全性差等问题；袋鼠式车皮，大型半挂车解决了大型设备整体运输问题；“滚装船”解决了车载货的运输问题，集装箱船比一般船能容纳更多的箱体，集装箱高速直达车船加快了运输速度等，都是通过采用先进的科学技术来实现合理化。

知识检验

一、选择题

1. 下列运输方式中，成本最低的是（　　）。

A. 铁路运输　B. 航空运输　C. 水路运输　D. 公路运输

2. 下列运输方式中，速度最快的是（　　）。

A. 铁路运输　B. 航空运输　C. 水路运输　D. 公路运输

3. 下列运输方式中，（　　）方式能实现门到门的运输服务。

A. 铁路运输　B. 公路运输　C. 水路运输　D. 航空运输

4. 公路运输的适用范围是（　　）。

A. 远距离、大批量　B. 近距离、小批量　C. 远距离、小批量　D. 近距离、大批量

5. 适宜远距离水运的产品是（　　）。

A. 新闻印刷品　B. 电脑芯片　C. 时装　D. 煤炭

6. 在各种交通运输中，承担其他运输方式之间的周转和联系的运输方式是（　　）。

A. 铁路运输　B. 水路运输　C. 公路运输　D. 管道运输

7. 关于交通运输的叙述，正确的是（　　）。

A. 五种交通运输方式相比较，水运受自然条件影响最小

B. 铁路运输量大，运费较低，连续性好

C. 公路运输的发展速度不如铁路运输快

D. 航空运输是最快捷、最廉价的现代化运输方式

8. 下列运输方式中，投资少、运量大、成本低的是（　　）。

A. 铁路运输　B. 航空运输　C. 管道运输　D. 水路运输

二、判断题

1. 重复运输是指货物从销地或中转地向产地或起运地回流的一种运输现象。（　　）

2. “四就”直拨运输，首先是由管理机构预先筹划，然后就厂或就站（码头）、就库、就车（船）将货物分送给用户。（　）

三、分析题

1. 下面几种货物从起点运到终点，选择什么运输方式最合适，请在表中相应的空格内打“√”。

货物种类	起点至终点	铁路	公路	水路	航空	管道
一箱玫瑰（约合0.5体积吨）	昆明—广州					
2t青菜	郊区—市区					
1万t煤炭	大同—北京					
10万t原油	科威特—上海					

2. 根据我国各种运输方式的运输周转量构成表，分析回答：

运输周转量 \ 运输方式	铁路（%）	公路（%）	水路（%）	航空（%）	管道（%）
货运周转量	39.3	13.8	44.9	0.1	1.9
旅客周转量	44.9	43.6	2.6	6.2	0

（1）占货运周转量比重最大的运输方式是________运输，该运输方式在旅客周转量中所占比重较________，其主要原因是____________。

（2）占货运周转量比重最小的运输方式是________运输，该运输方式的主要缺点是______。

（3）从整体看，目前在我国交通运输中作用最大的运输方式是________运输，客货周转量的平均值为________；作用最小的运输方式是________，其最适宜运送的货物是__________，如____________等。

课题三 集装化运输与国际多式联运

一、集装箱运输

1. 集装箱的定义

集装箱是一种运输设备，应满足下列要求：

1）具有足够的强度，可长期反复使用。

2）适于一种或多种运输方式运送，途中转运时，箱内货物不需换装。

3）具有快速装卸和搬运的装置，特别便于从一种运输方式转移到另一种运输方式。

4）便于货物装满和卸空。

5）具有 $1m^3$ 及以上的容积。

国际标准集装箱共有三个系列，十三种规格。在国际海上集装箱运输中采用最多的是IAA型（即40ft）和IC型（即20ft）两种。IAA型集装箱即40ft干货集装箱，箱内容量可达 $67.96m^3$，一般自重为3800kg，载重量为26.68t，总载重量为30.48t。IC型即20ft集装箱内容量 $33.2m^3$，自重一般为2317kg，载重量为17.9t，总载重量20.32t。为便于统计，国际上以6.096m（20ft）集装箱作为计量单位，称为标准集装箱或标准箱，用TEU（Twenty Equivalent Unit）表示。通常用它来表示船舶装载集装箱的能力，也是集装箱和港口吞吐量的重要统计、换算单位。在统计集装箱数量时有一个术语：自然箱，也称“实物箱”。自然箱是不进行换算的实物箱，即不论是40ft集装箱、30ft集装箱、20ft集装箱或10ft集装箱均作为一个集装箱统计。

2. 集装箱运输的特点

（1）高效益的运输方式　集装箱运输的高效益主要体现在以下几方面：

① 简化包装，大量节约包装费用。使用集装箱有的货物甚至无须包装，实现件杂货无包装运输，可节约包装费用。

② 减少货损货差，提高货运质量。由于集装箱是一个坚固密封的箱体，集装箱本身就

是一个坚固的包装。货物装箱并铅封后，途中无须拆箱倒载，一票到底，即使经过长途运输或多次换装，不易损坏箱内货物。集装箱运输可减少被盗、潮湿、污损等引起的货损和货差。

③ 减少营运费用，降低运输成本。由于集装箱装卸受气候影响小，船舶在港停留时间大大缩短，因而船舶航次时间缩短，船舶周转加快，航行率大大提高，船舶生产效率随之提高，从而提高了船舶运输能力，在不增加船舶艘数的情况，可完成更多的运量，增加船公司收入，这样，高效率导致高效益。

（2）高效率的运输方式　首先，普通货船装卸，一般每小时为35t左右，而集装箱装卸，每小时可达400t左右，装卸效率大幅度提高。同时，由于集装箱装卸机械化程度很高，因而平均每个工人的劳动生产率也相应提高。

（3）高投资的运输方式　集装箱运输虽然是一种高效率的运输方式，但是它同时又是一种资本高度密集的行业。首先，船公司必须对船舶和集装箱进行巨额投资。根据有关资料表明，集装箱船每立方英尺的造价约为普通货船的3.7～4倍。其次，集装箱运输中的港口的投资也相当大。专用集装箱泊位的码头设施包括码头岸线和前沿、货场、货运站、维修车间、控制塔、门房及集装箱装卸机械等，耗资巨大。再者，为开展集装箱多式联运，还需有相应的配套设施及内陆货运站等，为了配套建设，这就需要兴建、扩建、改造、更新现有的公路、铁路、桥梁、涵洞等。

（4）高协作的运输方式　集装箱运输涉及面广、环节多、影响大，是一个复杂的运输系统工程。集装箱运输系统包括海运、陆运、空运、港口、货运站及与集装箱运输有关的海关、商检、船舶代理公司、货运代理公司等单位和部门。

（5）适于组织多式联运　由于集装箱运输在不同运输方式之间换装时，无需搬运箱内货物而只需换装集装箱，在换装转运时，海关及有关监管单位只需加封或验封转关放行，这就提高了换装作业效率，适于不同运输方式之间的联合运输，从而提高了运输效率。

3. 集装箱的种类

1）根据用途不同集装箱分为以下几种：通用干货集装箱、保温集装箱、罐式集装箱、台架式集装箱、平台集装箱、敞顶集装箱、汽车集装箱、动物集装箱及服装集装箱等。

2）由于集装箱在运输途中常受各种力的作用和环境的影响，因此集装箱的制造材料要有足够的刚度和强度，应尽量采用重量轻、强度高、耐用、维修保养费用低的材料，并且材料既要价格低廉，又要便于取得。目前，世界上广泛使用的集装箱按其主体材料分类为：钢制集装箱、铝制集装箱、不锈钢制集装箱、玻璃钢制集装箱等。

二、托盘化运输

1. 托盘的定义

根据国家标准《物流术语》（GB/T 18354—2006），托盘是用于集装、堆放、搬运和运输、放置作为单元负荷物品的水平平台装置。

叉车与托盘的共同使用，形成的有效装卸系统促进了装卸活动的发展，使装卸机械化水平大幅度提高。所以，托盘的出现也有效地促进了全物流过程水平的提高。同时也促进了集装箱和其

> **知识卡**
>
> 托盘有供叉车从下部叉入并将其托起的叉入口。有人称其为“活动的平台”“可移动的地面”。

他集装方式的形成和发展，现在，托盘已是和集装箱一样重要的集装方式，形成了集装系统的两大支柱。

国际标准（ISO）中现有6种托盘规格，分别是1200mm×800mm、1200mm×1000mm、1219mm×1016mm、1140mm×1140mm、1100mm×1100mm和1067mm×1067mm。目前我国使用最多的1200mm×1000mm，其次是1100mm×1100mm的规格。日本和韩国均以1100mm×1100mm规格为主，欧洲大陆以1200mm×800mm、英国以1200mm×1000mm、美国和加拿大以1219mm×1016mm规格为主。

2. 托盘的类型

1）根据用途可分为：平托盘、柱式托盘、箱式托盘、轮式托盘、特种专用托盘等。

2）根据材料可分为：木制平托盘、钢制平托盘、塑料平托盘、复合材料平托盘及纸制托盘五种。

3. 推行托盘化运输的要点

以托盘为基本工具组成的动态装卸方法，就叫作托盘作业。托盘作业不仅可以显著提高装卸效果，还使仓库建筑的形式、船舶的构造、铁路和其他运输方式的装卸设施以及管理组织都发生变化。在货物包装方面，促进了包装规格化和模块化，甚至对装卸以外的一般生产活动方式也都会有显著的影响。随着生产设备越来越精密，自动化程度越来越高，生产的计划性越来越强和管理方式的逐步先进，工序间的搬运和向生产线供给材料和半成品的工作就越发显得重要了。而托盘作业是迅速提高搬运效率和使材料流动过程有序化的有效手段，在降低生产成本和提高生产效率方面起着巨大的作用。那么要使托盘化的优点在现实中得到应用，这就要注意以下几个要点：

（1）直达托盘作业　搬运作业的重大原则就是作业量最少原则，即当货物移动时尽量减少“二次搬运”和“临时停放”，使搬运次数尽可能减少。为了提高运输效率，操作者当然希望尽可能地减少转载作业。但是，运输中意外的途中换装作业是很多的。例如，铁路作业时，线路上的运输是一次完成的，但是其前后的作业则最少需要6~8次。假如这6~8次换装作业的每次都要将托盘上的货物转移到别的托盘上，则全程的装卸作业很繁重，这就会丧失托盘运输的效果。反之，如果货物在始发地装上托盘之后，不管途中有怎样复杂的货物储运作业过程，都不改变托盘上货物的原状，直达终点，就能充分发挥托盘运输的效果。不仅在铁路方面，在汽车运输和船舶运输方面，实行托盘直达运输，或者由各种运输方式组成联合直达运输，对运输行业和利用运输的物资单位，都能得到很好的运输经济效果。

（2）托盘联营　托盘联营的概念早在1940年就已经在美国出现了。先是在耐火砖行业、肉食罐头行业，随后在钢铁行业都实行了托盘联营。后来，美国在澳大利亚和欧洲遗留下来的托盘作业形式，成为该地区实行托盘联营的开端。最早实行国家托盘联营的是瑞典（1947年），其次是瑞士（1951年）。国内托盘联营成功，对欧洲其他国家产生了重大的影响，导致了法国等许多国家纷纷组织各自国内的托盘联营系统。随后，又促进了欧洲各国之间的国际托盘联营体系的成立。目前世界众多工业先进的国家，都实行了托盘联营。

托盘联营是形成社会公用运输系统的一种组织，其目的在于使参加联营的成员保有最低需要量的托盘，彻底实行直达运输托盘化。托盘联营就是执行这种制度的一种组织形式。实行托盘联营时，首先需将托盘的规格统一化，使之具有相互交流和及时交换的基本条件，再订立统一管理和交换托盘的制度。

通过实行托盘联营，生产企业减少了自有托盘的保有量，减少了搬运装卸作业，减少了包装成本，降低了劳动力成本，加快了产品的流通速度，从而降低了生产成本，使得企业的产品更具有市场竞争力。对于用户来说，收到的产品更易于搬运了，产品数量的检验更容易了，破损率降低了，产品的价格更低了。对运输企业来说，企业不必再保有大量的托盘占压资金，运输的效率也大幅提高，货物的破损率大大降低了。可见，托盘联营使物流的参与者都获得了显著的收益。

三、国际多式联运

目前，越来越多的运输活动综合使用了两种或多种运输方式，这要归功于集装箱化的发展。集装箱化是指将货物装入集装箱，通过拖车，便于在两种运输工具之间转运。常见的驮背运输（铁道汽车运输）是指使用铁路和货车联运集装箱；鱼背运输是指用船和货车联运集装箱；铁路船运输是船和火车联运；空中货车运输是飞机和货车联运。

1. 国际多式联运的定义与特征

国际多式联运，是一种以实现货物整体运输的最优化效益为目标的联运组织形式。它通常是以集装箱为运输单元，将不同的运输方式有机地组合在一起，构成连续的，综合性的一体化货物运输。根据 1980 年《联合国国际货物多式联运公约》（简称“多式联运公约”）及 1997 年我国交通部和铁道部共同颁布的《国际集装箱多式联运管理规则》的定义，国际多式联运是指“按照多式联运合同，以至少两种不同的运输方式，由多式联运经营人将货物从一国境内接管货物的地点运至另一国境内指定地点交付的货物运输”。

国际多式联运的主要特征是，由多式联运经营人对托运人签订一个运输合同统一组织全程运输，实行运输全程一次托运，一单到底，一次收费，统一理赔和全程负责。它是一种以方便托运人和货主为目的的先进的货物运输组织形式。

2. 国际多式联运的优越性

国际多式联运是今后国际运输发展的方向。这是因为，开展国际集装箱多式联运具有许多优越性，主要表现在以下几个方面：

1）简化托运、结算及理赔手续，节省人力、物力和有关费用。在国际多式联运方式下，无论货物运输距离有多远，由几种运输方式共同完成，且不论运输途中货物经过多少次转换，所有一切运输事项均由多式联运经营人负责办理。而托运人只需办理一次托运，订立一份运输合同，一次支付费用，一次保险，从而省去托运人办理托运手续的许多不便。同时，由于多式联运采用一份货运单证，统一计费，因而也可简化制单和结算手续，节省人力和物力。此外，一旦运输过程中发生货损货差，由多式联运经营人对全程运输负责，从而也可简化理赔手续，减少理赔费用。

2）缩短货物运输时间，减少库存，降低货损货差事故，提高货运质量。在国际多式联运方式下，各个运输环节和各种运输工具之间配合密切，衔接紧凑，货物所到之处中转迅速及时，大大减少货物的在途停留时间，从而从根本上保证了货物安全、迅速、准确、及时地运抵目的地，因而也相应地降低了货物的库存量和库存成本。同时，多式联运系通过集装箱为运输单元进行直达运输，尽管货运途中须经多次转换，但由于使用专业机械装卸，且不涉及箱内货物，因而货损货差事故大为减少，从而在很大程度上提高了货物的运输质量。

资料库

门到门（Door to Door）：由托运人负责装载的集装箱，在其货仓或厂库交承运人验收后，负责全程运输，直到收货人的货仓或工厂仓库交箱为止。这种全程连线运输，称为“门到门”运输。

3）降低运输成本，节省各种支出。由于多式联运可实行门到门运输，因此对货主来说，在货物交由第一承运人以后即可取得货运单证，并据以结汇，从而提前了结汇时间。这不仅有利于加速货物占用资金的周转，而且可以减少利息的支出。此外，由于货物是在集装箱内进行输的，因此，从某种意义上来看，可相应地节省货物的包装，理货和保险等费用的支出。

4）提高运输管理水平，实现运输合理化。对于区段运输而言，由于各种运输方式的经营人自为政，自成体系，因而其经营业务范围受到限制，货运量相应也有限。而一旦由不同的运经营人共同参与多式联运，经营的范围可以大大扩展，同时可以最大限度地发挥其现有设备作用，选择最佳运输线路组织合理化运输。

5）其他作用。从政府的角度来看，发展国际多式联运具有以下重要意义：

①有利于加强政府部门对整个货物运输链的监督与管理。

②保证本国在整个货物运输过程中获得较大的运费收入分配比例。

③有助于引进新的先进运输技术。

④减少外汇支出。

⑤改善本国基础设施的利用状况。

⑥通过国家的宏观调控与指导职能保证使用对环境破坏最小的运输方式，达到保护本国生态环境的目的。

3. 国际多式联运的运输组织形式

由于国际多式联运严格规定必须采用两种和两种以上的运输方式进行联运，因此，这种运输组织形式可综合利用各种运输方式的优点，充分体现社会化大生产大交通的特点。因而这种国际运输新技术已在世界各主要国家和地区得到广泛的推广和应用。其组织形式包括：

（1）海陆联运　海陆联运是国际多式联运的主要组织形式。这种组织形式以航运公司为主体，签发联运提单，与航线两端的内陆运输部门开展联运业务，与大陆桥运输展开竞争。

（2）陆桥运输　在国际多式联运中，陆桥运输起着非常重要的作用。所谓陆桥运输是指采用集装箱专用列车或货车，把横贯大陆的铁路或公路作为中间“桥梁”，使大陆两端的集装箱海运航线与专用列车或货车连接起来的一种连贯运输方式。

（3）海空联运　海空联运又被称为空桥运输。在运输组织方式上，空桥运输与陆桥运输有所不同：陆桥运输在整个货运过程中使用的是同一个集装箱，不用换装，而空桥运输的货物通常要在航空港换入航空集装箱。不过。两者的目标是一致的，即以低费率提供快捷、可靠的运输服务。并且，运输距离越远，采用海空联运的优越性就越大，因为与完全采用海运相比，其运输时间更短。与直接采用空运相比，其费率更低。

4. 我国的国际多式联运

近年来，为适用和配合我国对外贸易运输的发展需要，我国对某些国家和地区已开始采用国际多式联运方式。目前，我国已开展的国际多式联运路线主要包括我国内地经海运往返日本内地、美国内地、非洲内地、西欧内地、澳洲内地等联运线，以及经蒙古至伊朗和往返西、北欧各国的西伯利亚大陆桥运输线。其中西伯利亚大陆桥集装箱运输业务发展较快，目前每年维持在 10000 标准箱左右，我国办理西伯利亚大陆桥运输主要采用铁/铁、铁/海、铁/卡三种方式。除上述已开展的运输路线外，新的联运线路正不断发展，其中包括举世瞩目的新亚欧大陆桥。

1990 年 9 月 12 日，随着中国兰新铁路与哈萨克斯坦土西铁路接轨，连接亚欧的第二座大陆桥正式贯通。新亚欧大陆桥东起中国连云港，西至荷兰鹿特丹，途经哈萨克斯坦、乌兹别克斯坦、吉尔吉斯斯坦、塔吉克斯坦、俄罗斯、白俄罗斯、波兰、德国和荷兰等国，全长 10900km。该大陆桥为亚欧开展国际多式联运提供了一条便捷的国际通道。远东至西欧，经新亚欧大陆桥比经苏伊士运河的全程海运航线，缩短运距 8000km；比通过巴拿马运河缩短运距 11000km。远东至中亚、中近东，经新亚欧大陆桥比经西伯利亚大陆桥，缩短运距 2700～3300km。该陆桥运输线的开通将有助于缓解西伯利亚大陆桥运力紧张的状况。

新亚欧大陆桥在中国境内经过陇海、兰新两大铁路干线，全长 4131km。它在徐州、郑州、洛阳、宝鸡、兰州分别与我国京沪、京广、焦柳、宝成、包兰等重要铁路干线相连，具有广阔的腹地。新亚欧大陆桥于 1993 年正式运营。至此，亚太地区运往欧洲、中近东地区的货物可经海运至中国连云港上桥，出中国西部边境站阿拉山口后，进入哈萨克斯坦国境内边境站德鲁日巴换装，经独联体铁路运至其边境站、港，再通过铁路、公路、海运继运至西欧、东欧、北欧和中近东各国。而欧洲、中近东各国运往亚太地区的货物，则可经独联体铁路进入中国西部边境站阿拉山口换装，经中国铁路运至连云港后，再转船继运至日本、韩国、菲律宾、新加坡、泰国、马来西亚等国和中国香港、中国台湾地区。

知识检验

一、选择题

1. 国际上以（　　）集装箱作为计量单位，称为标准集装箱或标准箱，用 TEU（Twenty Equivalent Unit）表示。

A. 20ft　　B. 30ft　　C. 40ft　　D. 45ft

2. 在我国，（　　）集装箱主要用于国内运输。

A. 5t　　B. 10t　　C. 5t 和 10t　　D. 20t

3. 按照多式联运合同，以（　　）的运输方式，由多式联运经营人将货物从一国境内接管货物的地点运至另一国境内指定地点交付的货物运输。

A. 一种　　B. 两种　　C. 至少两种不同　　D. 三种

二、判断题

1. 集装箱是指在运输、搬运和存储过程中，将物品规整为货物单元时，作为承载面并包括承载面上辅助结构件的装置。（　　）

2. 海陆联运是国际多式联运的主要组织形式。（　　）

三、简答题

1. 集装箱运输有哪些特点？

2. 推行托盘化运输的要点是什么？

3. 国际多式联运的运输组织形式有哪些？

课题四 技能训练

任务描述

万顺（广州）商贸有限公司有一批货物需要从广州仓库托运运往国内外多个城市，请为这批货物分别选择最合适的运输方式。具体见表4-2。

表4-2 具体任务

运输任务	运输货物	包装形式	运输数量	规格	目的地	运输时限
1	电脑配件	托盘	45托	标准托盘	上海	3天
2	洗涤液	纸箱	5000箱	每箱40cm×30cm×30cm 每箱重15kg	西安	10天
3	服装	集装箱	5个40尺货柜 2个20尺货柜	标准集装箱	迪拜	15天
4	电脑显示器	纸箱	25箱	每箱50cm×30cm×20cm 每箱重30kg	德国 法兰克福	3天
5	键盘	纸箱	200箱	每箱25cm×20cm×20cm 每箱重4kg	重庆	5天
6	机器配件样品	纸箱	1箱	每箱60cm×30cm×20cm 每箱50kg	沈阳	2天

任务准备

将学生按每6~8人一组分为若干组，让每组学生模拟一个物流公司，物流公司主要从事运输业务。各公司根据受托运业务选择合适的运输方式。

任务目的

让学生理解每种运输方式的适用范围和优缺点。

任务实施

根据万顺（广州）商贸有限公司的运输任务，选择具体的运输方式（表4-3）。

表4-3 运输方式

运输任务	运输货物	选择的运输方式	理由
1	电脑配件		
2	洗涤液		
3	服装		
4	电脑显示器		
5	键盘		
6	机器配件样品		

任务评价

项目（或任务）编号		学时		学生姓名		总分	

类别	序号	评价项目	评价内容及要求	评价标准	配分	学生自评	学生互评	教师评价	得分
岗位技能评价	1	完成程度	能够完成运输方式选择	不能完成无分	30				
	2	运用知识能力	能够准确选择运输方式	不能准确选择无分，能准确选择一部分减分	30				
	3	完成时间	按时完成任务	不按时完成无分	10				
职业素质评价	4	安全生产	遵守企业安全操作规程	不遵守有关规定减分	10				
	5	文明生产	遵守实训室文明生产规则	不遵守有关规定减分	5				
	6	沟通交流	积极主动性强	不积极沟通减分	5				
	7	团队合作	合作参与意识好	合作不好减分	10				

注：按学生自评占20%、学生互评占30%、教师评价占50%计算总分。

任务小结

授课班级		授课时间		授课地点	
授课教师		任务名称			
学生表现					
存在问题及改进方法措施					

任务拓展

沃尔玛通过物流运输的合理化节约成本

沃尔玛公司是世界上最大的商业零售企业，在物流运营过程中，尽可能地降低成本是其经营的哲学。

沃尔玛公司有时采用空运，有时采用船运，还有一些货物采用卡车公路运输。在中国，沃尔玛公司百分之百地采用卡车公路运输，所以如何降低卡车运输成本，是沃尔玛公司物流管理面临的一个重要问题，为此他们主要采取了以下措施：

1）沃尔玛公司使用一种尽可能大的卡车，大约有16m长的货柜，比集装箱运输卡车更长或更高。沃尔玛公司把卡车装得非常满，产品从车厢的底部一直装到最高，这样非常有助于节约成本。

2）沃尔玛公司的车辆都是自有的，司机也是他的员工。沃尔玛公司的车队大约有5000名非司机员工，有3700多名司机，车队每周一次运输可以达7000～8000km。

沃尔玛公司知道，卡车运输是比较危险的，有可能会出交通事故。因此，对于运输车队来说，保证安全是节约成本最重要的环节。沃尔玛公司的口号是“安全第一，礼貌第一”，而不是“速度第一”。在运输过程中，卡车司机们都非常遵守交通规则。沃尔玛公司定期在公路上对运输车队进行调查，卡车上面都带有公司的号码，如果看到司机违章驾驶，调查人员就可以根据车上的号码报告，以便于进行惩处。沃尔玛公司认为，卡车不出事故，就是节省公司的费用，就是最大限度地降低物流成本，由于狠抓了安全驾驶，运输车队已经创造了300万km无事故的纪录。

3）沃尔玛公司采用全球定位系统对车辆进行定位。因此，在任何时候，调度中心都可以知道这些车辆在什么地方，离商店有多远，还需要多长时间才能运到商店，这种估算可以精确到小时。沃尔玛公司知道卡车在哪里，产品在哪里，就可以提高整个物流系统的效率，有助于降低成本。

4）沃尔玛公司连锁商场的物流部门，实行24h工作制，无论白天或晚上，都能为卡车及时卸货。另外，沃尔玛公司的运输车队还利用夜间进行运输，从而做到了当日下午进行集货，夜间进行异地运输，第二天上午即可送货上门，保证在15～18h内完成整个运输过程，这是沃尔玛公司在速度上取得优势的重要措施。

5）沃尔玛公司的卡车把产品运到商场后，商场可以把它整个地卸下来，而不用对产品逐个检查，这样就可以节省很多时间和精力，加快了沃尔玛公司物流的循环过程，从而降低了成本。这里有一个非常重要的先决条件，就是沃尔玛公司的物流系统能够确保商场所得到的产品是与发货单完全一致的产品。

6）沃尔玛公司的运输成本比供货厂商自己运输产品要低。所以厂商也使用沃尔玛公司的卡车来运输货物，从而做到了把产品从工厂直接运送到商场，大大节省了产品流通过程中的仓储成本和转运成本。

沃尔玛公司的集中配送中心把上述措施有机地组合在一起，做出了一个最经济合理的安排，从而使沃尔玛的运输车队能以最低的成本高效率地运行。

问题讨论：

1. 沃尔玛成功的关键是什么？
2. 在此案例中你得到哪些启示？

日本大和运输的宅急便

日本的大和运输株式会社成立于1919年，是日本第二古老的货车运输公司。1973年日本陷入第一次石油危机的大混乱中，企业委托的货物非常少，这对完全仰赖于运送大宗货物的大和运输来说，无疑是一大打击。对此，当时大和运输的社长小仓提出了“小宗化”的经营方向，认为这是提高收益的关键。1976年2月，大和运输开办了“宅急便”业务。在日本，大和运输的“宅急便”早已是无人不知、无人不晓，在马路上到处可见“宅急便”在来回穿梭。

大和运输的象征商标，是一个黑猫叼着小猫的图案。大和运输认为，图案中那种小心翼翼，不伤及小猫，轻衔住脖子运送的态度，仿佛是谨慎搬运顾客托运的货物，体现了“我做事，你放心”的宗旨。因此，人们又把大和运输称为“黑猫大队”。

“宅急便”类似目前的快递业务，但其服务的内容更广。在运送货物时，讲究三个“S”，即速度（Speed）、安全（Safety）、服务（Service）。大和在这三者之中，最优先考虑的是速度。因为有了速度，才能抢先顺应时代的需求，在激烈的竞争中取胜。而在速度中，“宅急便”又特别重视“发货”的速度。“宅急便”的配送，除去夜间配送以外，基本是一天两回，即两次循环。凡时间距离在15h以内的货物，保证在第二天送达。1989年开始一部分的一日三次循环，可以做到时间距离在18h以内的货物，能在第二天送达。1989年后，由于与7-Eleven和罗森等大型便利店的合作，已调整为24h全天候受理货物。

黑猫大队有一个保证翌日送达的输送系统。在受理店截至接收货物的时间之后，大和运输分区派出小型货车到区内各处将货集中运往称为“集货中心”的营业所，并迅速转送到称为“基地”的地点，进行寄往全国各地的货物分拣工作。然后，将经过分拣的货物，以发往的地区和货物种类为单元，装入统一的长110cm、高185cm的货箱内，一个货箱中大抵可以放进70~80件货物。从基地往基地移动时是使用10t级的大型车，可装载16只货箱；从集货中心往基地，或是从基地往集货中心移动时，常使用可装8个货箱的4t车；而专用来收集以及递送的2t车，则可零堆约一个货箱容量的货物。由于“宅急便”采用了统一规格的小型货箱和不同吨级的货车，从而大大提高了运送效率，降低了物流成本。利用夜间进行从出发地到目的地的运输，是“宅急便”得以在速度上取得优势的重要措施，从而做到了当日下午进行集货，夜间进行异地运输，第二天上午即可送货上门，得以保证在15~18h内完成整个服务过程。“宅急便”还采取了车辆分离的办法，采用拖车运输。牵引车把拖车甲运到B地点以后，把车摘下来放在B地点，再挂上B地点的拖车乙开向A地点。这样，车辆的周转率是最高的。此外，又采取了设立中转站的办法。这种中转方法不是货车和货物的中转，而是司机进行交换的开车方式。如从东京到大阪的长途运输，距离为600km，需要司机2个人，再从大阪返回时还需要这么长的时间，司机也非常累，这样一来一往就需要6个人。如果在中间设置一个中转站，东京和大阪同时发车，从东京来的，在中转站开上大阪的车返回就不要2个人，只要1个人就可以了，总共只需要4个人，从而减少了2个人的费用。“宅急便”还利用航空来运送货物，但由于在15：00以前接受的货物若要第二天送达，飞机必须夜间飞行，困难较多，货运量不大，约占总运量的1%。同时，“宅急便”对运距在600km以上的，采取铁路运输的办法，“宅急便”每天有54班车（往返）就是通过东京到北海道函馆之间的直达车运送货物地。

现在大和运输与美国UPS合作，建立了国际快递网络。UPS拥有世界175个国家和地区的配送网，大和已将这些国家和地区全部列入自己的服务区域。

单元五　配送管理

知识目标

1. 了解配送的含义。
2. 熟悉配送的作业环节及模式。
3. 掌握配送中心一般作业流程和特殊作业流程。

技能目标

- 能运用所学知识判断该超市的配送是否合理，并针对配送不合理的表现提出改进措施。

问题导入

配送就是将商品从商家送到消费者手上吗？

配送中心是仓库吗？

课题一　配送及其模式

一、配送

1. 配送的含义和种类

配送是指在经济合理区域范围内，根据客户要求，对物品进行拣选、加工、包装、分割、组配等作业，并按时送达指定地点的物流活动。

关于配送，应当掌握以下几个要点：

（1）配送的资源配置作用　配送是“最终配置”，因而是接近顾客的配置。接近顾客是经营战略至关重要的内容。

（2）配送是市场经济形式　配送是在市场经济条件下，在“供大于求”的买方市场环境中所派生出的一种形式。

（3）配送的实质是送货　配送的主要经济活动是送货，一般送货是一种偶然的行为，而配送却是一种有确定组织形式、有一套制度的体制行为。所以，配送是依靠现代生产力、科技进步支撑的，实现“配”和“送”有机结合的一种方式。

（4）配送以用户要求为出发点　配送是从用户利益出发、按用户要求进行的一种活动。因此，在观念上必须明确“用户第一”“质量第一”，从用户利益出发，在满足用户利益基础上取得本企业的利益。

（5）配送是按时送达指定地点的物流活动　过分强调“按用户要求”是不妥的，受用户本身的局限，用户要求有时存在不合理性，在这种情况下实际会损害自我或双方的利益。对于配送者而言，必须以“要求”为据，但是不能盲目，应该追求合理性，进而指导用户，实现共同受益的商业原则。

2. 配送的作用

(1) 完善了输送及整个物流系统　配送环节处于支线运输，灵活性、适应性、服务性都较强，能将干线运输与支线运输统一起来，使运输过程得以优化和完善。

(2) 提高了末端物流的经济效益　采取配送方式，可以通过增大经济批量做到经济地进货，降低单位物流成本，大大提高了末端物流的经济效益。

(3) 通过集中型库存，可使企业实现低库存或零库存　生产企业可以实现多年追求的“零库存”或低库存，释放出大量储备资金，从而改善企业的财务状况、降低成本。

(4) 简化手续，方便用户　用户只需要向配送中心一处订购或和一个进货单位联系，就能达到向多处采购的目的，减轻用户工作量和负担，也节省了订货、接货等一系列费用开支。

(5) 提高了供应保证程度　配送中心比任何企业的储备量都大，因而对用户而言，因缺货影响生产的风险减小了。

3. 配送的作业环节

从总体上讲，配送是由备货、理货和送货三个基本环节组成的，其中每个环节又包含若干项具体的、枝节性的活动。

(1) 备货　备货是指准备货物的系列活动。它是配送的准备工作或基础环节，又是决定配送成败与否、规模大小的最基本环节。同时，它也是决定配送效益高低的关键环节。若备货不及时或不合理，成本太高，则会大大降低配送的整体效益。备货工作应当包括筹集货物和存储货物两项具体活动，目的是为配送商品提供货源保证。

(2) 理货　理货是配送的一项重要内容，也是配送区别于一般送货的重要标志。理货包括货物分拣、配货和包装等经济活动。货物分拣和配货作业是指采用适当的方法和手段，将储存的货物，按用户要求分拣出来，放到发货场所指定的位置，是配送装车作业的上一道工序。

为了完好无损地运送货物和便于识别配备好的货物，有些经过分拣、配备好的货物尚需重新包装，并且要在包装上贴上标签，记载货物的品种、数量、收货人的姓名、地址及运抵时间等。

(3) 送货　在物流活动中，送货实际上就是货物的运输。但是，组成配送活动的运输与通常所讲的干线运输是有很大区别的：配送运输属于运输中的末端运输、支线运输，通常表现为距离短、规模小、运输次数比较多，一般使用汽车做运输工具，而干线运输多为长距离运输。

二、配送的模式

配送按配送机构的经营权限和服务范围的不同，主要分为配销模式和物流模式两种，其运作特点如图 5-1 所示。

1. 配销模式

配销模式又称为商流、物流一体化的配送模式，配送的组织者既从事商品的进货、储

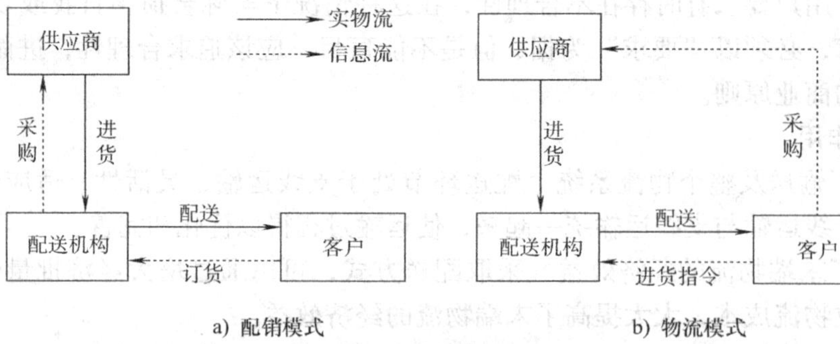

图5-1　配送的模式

存、分拣、送货等物流活动，又负责商品的采购与销售等商流活动。

配销模式的特点在于：对于流通组织者来说，由于其直接负责货源组织和商品销售，因而能形成储备资源优势，有利于扩大营销网络和经营业务范围，同时也便于满足客户的不同需求。但这种模式由于其组织者既要参与商品交易，又要组织物流活动，因此，不但投入的资金、人力、物力比较多，需要一定的经济实力，而且也需要较强的组织和经营能力。

2. 物流模式

物流模式是指商流、物流相分离的配送模式。配送组织者不直接参与商品的交易活动，不经销商品，只负责专门为客户提供验收入库、保管、加工、分拣送货等物流服务。

物流模式的主要特点在于其业务活动仅限于物流代理，业务比较单一，有利于提高专业化的物流服务水平，占用流动资金少，其收益主要来自服务费，经营风险较小。但由于配送企业不直接掌握货源，所以，行为主体的调度和调节能力比较差。

除以上两种配送模式之外，在不同的国家和不同的经营者之间，由于是以不同的方式组织和开展起来的配送活动，从而还形成了独立配送模式、共同配送模式、集团配送模式等多种配送模式。

三、配送合理化

1. 不合理配送的表现形式

（1）资源筹措不合理　配送是利用较大批量筹措资源，通过筹措资源的规模效益来降低资源筹措成本，使配送资源筹措成本低于用户自己筹措资源成本，从而取得优势，否则是不合理的。资源筹措不合理还有其他表现形式，如配送量计划不准，资源筹措过多或过少，在资源筹措时不考虑建立与资源供应者之间长期稳定的供需关系等。

（2）库存决策不合理　配送应充分利用集中库存总量低于各用户分散库存总量，从而大大节约社会财富，同时降低用户实际平均分摊的库存负担。因此，配送企业必须依靠科学管理来实现一个低总量的库存，否则就会出现仅仅是库存转移，而未解决库存降低的不合理现象。

（3）价格不合理　配送价格普遍高于用户自己进货价格，损伤了用户利益，就是一种不合理表现。价格定得过低，使配送企业处于无利或亏损状态下运行，会损伤销售者，也是不合理的。

（4）配送与直达的决策不合理　一般的配送总是增加了环节，但是这个环节的增加，可降低用户平均库存水平，这样不但抵消了增加环节的支出，而且还能取得剩余效益。但是如果用户使用批量大，可以直接通过社会物流系统均衡批量进货，较之通过配送中转送货则可能更节约费用，所以，在这种情况下，不直接进货而通过配送，就属于不合理范畴。

（5）送货中不合理运输　配送与用户自提比较，尤其对于多个小用户来讲，可以集中配装一车送几家，这比一家一户自提，可大大节省运力和运费。如果不能利用这一优势，就属于不合理。此外，不合理运输若干表现形式在配送中都可能出现，会使配送变得不合理。

（6）经营观念不合理　在配送实施中，有许多是经营观念不合理，使配送优势无从发挥，这是在开展配送时更要注意克服的不合理现象。例如，配送企业利用配送手段，向用户转嫁资金；库存困难，在库存过大时，强迫用户接货，以缓解自己库存压力；在资金紧张时，长期占用用户资金，将用户委托资源挪作他用获利等，都属于不合理配送的表现形式。

2. 配送合理化的主要标志

对于配送合理化与否的判断，是配送决策系统的重要内容，目前国内外尚无一定的技术经济指标体系和判断方法，按一般认识，以下若干标志是应当纳入的。

（1）库存标志　库存是判断配送合理与否的重要标志，具体指标有以下两方面：

1）库存总量。在一个配送系统中，从分散于各个用户转移给配送中心，配送中心库存数量加上各用户在实行配送后库存量之和，应低于实行配送前各用户库存量之和。此外，各用户在实行配送前后的库存量比较，也是判断合理与否的标准，某个用户库存量上升而库存总量下降，也属于一种不合理。

2）库存周转。各用户在实行配送前后的库存周转比较，也是判断合理与否的标志。

（2）资金标志　总的来讲，实行配送应有利于资金占用降低及资金运用的科学化。具体判断标志如下：

1）资金总量。用于资源筹措所占用流动资金总量，随储备总量的下降及供应方式的改变必然有一个较大的降低。

2）资金周转。从资金运用来讲，由于整个节奏加快，资金充分发挥作用，同样数量资金，过去需要较长时期才能满足一定供应要求，配送之后，在较短时期内就能达此目的。所以资金周转是否加快，是衡量配送合理与否的标志。

3）资金投向的改变。资金分散投入还是集中投入，是资金调控能力的重要反映。实行配送后，资金必然应当从分散投入改为集中投入，以便增加调控作用。

（3）成本和效益标志　总效益、宏观效益、微观效益、资源筹措成本都是判断配送合理化的重要标志。对于不同的配送方式，可以有不同的判断侧重点。例如，配送企业、用户都是各自独立的以利润为中心的企业，不但要看配送的总效益，而且还要看对社会的宏观效益及两个企业的微观效益，不顾及任何一方，都必然出现不合理。又例如，如果配送是由用户集团自己组织的，配送主要强调保证能力和服务性，那么，效益主要从总效益、宏观效益和用户集团企业的微观效益来判断，不必过多顾及配送企业的微观效益。

（4）供应保证标志　供应保证能力可以从以下三个方面判断：

1）缺货次数。实行配送后，对各用户来讲，该到货而未到货以致影响用户生产及经营的次数必须下降才算合理。

2）配送企业集中库存量。对每一个用户来讲，其库存数量所形成的保证供应能力高于配送前单个企业保证程度，从供应保证来看才算合理。

3）即时配送的能力及速度。即时配送是用户出现特殊情况的特殊供应保障方式，这一能力必须高于未实行配送前用户紧急进货能力及速度才算合理。

（5）社会运力节约标志　运力使用的合理化可以简化判断如下：

1）社会车辆总数减少，而承运量增加为合理。

2）社会车辆空驶减少为合理。

3）一家一户自提自运减少，社会化运输增加为合理。

（6）用户企业仓库、供应、进货人力物力节约标志　配送的重要观念是以配送代劳用户。因此，实行配送后，各用户库存量、仓库面积、仓库管理人员减少为合理；同时用于订货、接货、负责供应的人员数量也相应减少。合理化的配送才能真正解除了用户的后顾之忧。

（7）物流合理化标志。配送必须有利于物流合理。这可以从以下几方面判断：

1）是否降低了物流费用。

2）是否减少了物流损失。

3）是否加快了物流速度。

4）是否发挥了各种物流方式的最优效果。

5）是否有效衔接了干线运输和末端运输。

6）是否不增加实际的物流中转次数。

7）是否采用了先进的技术手段。

3. 配送合理化的主要措施

国内外推行配送合理化，有一些可供借鉴的办法，简介如下：

（1）推行一定综合程度的专业化配送　通过采用专业设备、设施及操作程序，取得较好的配送效果并降低配送过分综合化的复杂程度及难度，从而追求配送合理化。

（2）推行加工配送　通过加工和配送相结合，充分利用本来应有的中转，而不增加新的中转求得配送合理化。同时，加工借助于配送，使加工目的更明确和用户联系更紧密，更避免了盲目性。这两者有机结合，投入增加不多却可追求两个优势、两个效益，是配送合理化的重要措施。

（3）推行共同配送　通过共同配送，可以以最近的路程、最低的配送成本完成配送，从而追求配送合理化。

（4）实行送取结合　配送企业与用户建立稳定、密切的协作关系。配送企业不仅成了用户的供应代理人，而且承担用户储存据点，甚至成为产品代销人。在配送时，将用户所需的物资送到，再将该用户生产的产品用同一车运回，这种产品也成了配送中心的配送产品之一，或者代存代储，免去了生产企业库存包袱。这种送取结合，使运力充分利用，也使配送企业功能有更大的发挥，从而追求合理化。

（5）推行准时配送系统　准时配送是配送合理化重要内容。配送做到了准时，用户才有资源把握，可以放心地实施低库存或零库存，可以有效地安排接货的人力、物力，以追求最高效率的工作。另外，保证供应能力，也取决于准时供应。从国外的经验看，准时供应配送系统是现在许多配送企业追求配送合理化的重要手段。

（6）推行即时配送　即时配送是最终解决用户企业担心供应中断之忧，大幅度提高供应保证能力的重要手段。即时配送是配送企业快速反应能力的具体化，是配送企业能力的体现。即时配送成本较高，但它是整个配送合理化的重要保证手段。此外，用户实行零库存或低库存，即时配送也是重要保证手段。

知识检验

一、名词解释

配送

二、选择题

不合理配送的表现形式有（　　）。

A. 价格方面　　B. 库存方面　　C. 品种方面　　D. 经营观念方面

三、判断题

1. 配送的实质是市场经济形式。(　　)
2. 配送是由备货、理货和送货三个基本环节组成。(　　)
3. 送货是配送区别于一般送货的重要标志。(　　)
4. 物流模式是商流、物流一体化的配送模式。(　　)

四、简答题

1. 配送有哪些作用？
2. 配销模式的特点是什么？
3. 配送合理化的主要标志有哪些？

课题二　配送中心

一、配送中心的类型和作用

1. 配送中心的类型

（1）配送中心定义　我国国家标准《物流术语》（GB/T 18354—2006）中关于配送中心是这样定义的：从事配送业务具有完善信息网络的场所或组织，应基本符合下列要求：

1）主要为特定的客户或末端客户提供服务。

2）配送功能健全。

3）辐射范围小。

4）多品种、小批量、多批次、短周期。

对配送中心的适当划分，是深化及细化认识配送中心的必然，从理论上和配送中心的作用上来划分，可以把配送中心分成许多种类，标准不同，分类的结果不一样，下面就已在实际运转中的配送中心类别概述如下：

（2）按照配送中心的专业化情况分类

1）专业配送中心。专业配送中心大体上有两个含义，一是配送对象、配送技术是属于某一专业范畴，在某一专业范畴有一定的综合性，综合这一专业的多种物资进行配送。例如多数制造业的销售配送中心，我国目前在石家庄、上海等地建的配送中心大多采用这一形式。专业配送中心第二个含义是，以配送为专业化职能，基本不从事经营的服务型配送中心。

2）柔性配送中心。在某种程度上讲，柔性配送中心是与第二种专业配送中心相辅相成的配送中心。这种配送中心不向固定化、专业化方向发展，而能随时变化，对用户要求有很强适应性，不固定供需关系、不断发展配送用户和改变配送用户的方向发展。

（3）按配送中心的流通职能分类

1）供应配送中心。专门为某个或某些用户（例如联营商店、联合公司）组织供应的配送中心。

2）销售配送中心。以销售经营为目的，以配送为手段的配送中心。销售配送中心大体有三种类型：一种是生产企业为本身产品直接销售给消费者的配送中心；另一种是流通企业作为本身经营的一种方式，建立配送中心以扩大销售；第三种是流通企业和生产企业联合的协作性配送中心。

（4）按配送中心辐射范围分类

1）城市配送中心。以城市为配送范围的配送中心。由于城市范围一般处于汽车运输的经济里程，这种配送中心可直接配送到最终用户，且采用汽车进行配送，所以，这种配送中心往往和零售经营相结合。由于运距短，反应能力强，因而从事多品种、少批量、多用户的配送较有优势。

2）区域配送中心。以较强的辐射能力和库存准备，向省（州）际、全国乃至国际范围的用户配送的配送中心。这种配送中心配送规模较大，一般而言，用户也较大，配送批量也较大，而且，往往是配送给下一级的城市配送中心，也配送给营业所、商店、批发商和企业用户，虽然也从事零星的配送，但不是主体形式。

（5）按配送中心的内部特性分类

1）储存型配送中心。储存型配送中心是有很强储存功能的配送中心。一般来讲，在买方市场下，企业成品销售需要有较大库存支持，其配送中心可能有较强储存功能；在卖方市场下，企业原材料，零部件供应需要有较大库存支持，这种供应配送中心也有较强的储存功能。大范围配送的配送中心，需要有较大库存，也可能是储存型配送中心。我国目前拟建的配送中心，都采用集中库存形式，库存量较大，多为储存型。

2）流通型配送中心。流通型配送中心基本上没有长期储存功能，是仅以暂存或随进随出方式进行配货、送货的配送中心。这种配送中心的典型方式是：大量货物整进并按一定批量零出，采用大型分货机，进货时直接进入分货机传送带，分送到各用户货位或直接分送到配送汽车上，货物在配送中心里仅做少许停滞。

知识卡

瑞士GIBA-GEIGY公司的配送中心拥有世界上规模居于前列的储存库，可储存4万个托盘；美国赫马克配送中心拥有一个有163000个货位的储存区，可见存储能力之大。

3）加工型配送中心。加工型配送中心以加工产品为主，因此，在其配送作业中，储存作业和加工作业居主导地位。这种配送中心的主要功能是对商品进行清洗、下料、分解、集装等加工活动，以流通加工为核心开展配送活动。

2. 配送中心的作用

配送中心不仅具有储存、集散、衔接等传统的物流功能，而且在物流现代化的进程中，配送中心在不断地强化分拣、加工、信息等功能。具体来说，配送中心的功能如图5-2所示。

（1）储存功能　储存在配送运行过程创造着时间效用，配送中心通过集中商品，形成

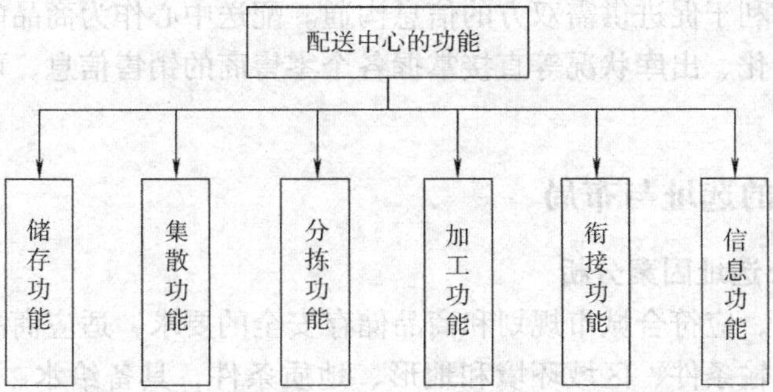

图 5-2　配送中心的功能

储备来保证配送服务所需要的货源。

（2）集散功能　集散功能是流通型物流节点的一项基本功能，通过集散商品来调节、实现资源的有效配置，由此可以降低物流成本，如图 5-3 所示。

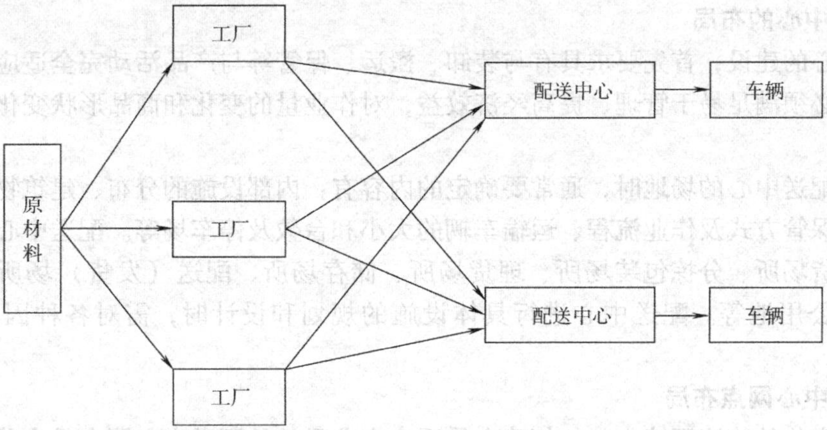

图 5-3　配送中心集散功能示意图

（3）分拣功能　为了有效地进行配送，配送中心必须采取适当的方式，从储备的商品中通过拣选、分货等作业完成配货工作，为配送运输做好准备，以满足不同客户的需要。这是配送中心与普通仓库和一般送货形态的主要区别。

（4）加工功能　配送中心按照用户提出的要求，并根据合理配送的原则，对商品进行下料、打孔、解体、分装、贴标签、组装等初加工活动，因而使配送中心具备一定的加工能力。加工功能不仅提高了配送中心的经营和服务水平，也有利于提高资源利用率，是现代配送中心服务职能的具体体现。

（5）衔接功能　配送中心是重要的流通节点，通过开展货物配送活动，配送中心能把各种工业产品和农产品直接运送到用户手中，客观上起到衔接生产和消费的作用，这是配送中心衔接功能的一种重要表现。此外，通过集货和储存货物，配送中心又有平衡供求的作用，能有效地协调产销在时间（季节）上、地域上的产需衔接问题。这是配送中心衔接功能的另一种表现。

（6）信息功能　配送中心不仅实现物的流通，而且也通过信息情报协调各环节的作业，协调生产与消费，有利于促进供需双方的信息沟通。配送中心作为商品的分销中心、库存中心，可通过库存的变化、出库状况等直接掌握各个零售商的销售信息，可以及时反馈到有关部门。

二、配送中心的选址与布局

1. 影响配送中心选址因素分析

配送中心的选址，应符合城市规划和商品储存安全的要求，适应商品的合理流向，交通便利，具有良好的运输条件、区域环境和地形、地质条件，具备给水、排水、供电、道路、通信等基础设施。

2. 配送中心选址的方法

配送中心的选址是在明确配送中心自身定位的基础上，对各类条件和因素进行充分论证与分析，然后采用一定的技术方法选择建设地址。单一配送中心的选址可以采用数值分析法或重心法来确定；多个配送中心的选址常用启发式方法来确定。

3. 配送中心的布局

配送中心的建设，首先要求具有与装卸、搬运、保管等与产品活动完全适应的作业性质和功能。还必须满足易于管理、提高经济效益，对作业量的变化和商品形状变化能灵活适应等要求。

在规划配送中心的场地时，通常要确定的内容有：内部设施的分布、建筑物的规模与结构、搬运和保管方式及作业流程、运输车辆的大小和台数及停车场等。配送中心的内部设施有：收货验货场所、分拣包装场所、理货场所、储存场所、配送（发货）场所、线路、站台及各种办公用地等。配送中心进行具体设施的规划和设计时，需对各种因素进行权衡比较。

4. 配送中心网点布局

在不断变化的物流环境中，如何建立最适合企业目的的配送中心网点是十分重要的，因此对配送中心网点的网络必须认真加以合理布局。怎样才能使配送中心网点的布局合理，其核心就是充实并完善配送中心据点，提高生产网点到客户之间的网络效率。

综合考虑物资的供需状况、运输条件、自然环境等因素，对网点的设置位置、规模供货范围等进行分类和设计。其布局内容如下：

1）计划区域内应设置网点的数目。

2）网点的地理位置。

3）网点的规模（吞吐能力）。

4）各网点的进货与供货关系，即从哪些资源厂进货，向哪些用户供货。

5）计划区域内中转供货与直达供货的比例。

三、配送中心设备的配置

配送中心设备的配置方案应在配送中心的总体方案规划与设计同时确定。在设备配置的环节主要是权衡各种设备的性能。因此充分掌握各设备制造商的技术特长，从各种技术观点综合评价选定最满意的、信赖性高的设备生产商是十分重要的。选择最合适的制造商，可以得到质量高、成本低的物流设备。

1. 配送中心设备配置的要点

（1）设备的使用方法 设备配置特别重要的是设备的使用方法，如在自动化立体仓库内利用什么类型的托盘进行保管，必须是从哪里、什么形状、什么时间发货等方面考虑使用方法。使用方法应适应配送中心的特性，只有掌握配送中心特性之后才能选定设备。

（2）设备的形状、尺寸、重量 处理货物的形状、尺寸、重量不同，所使用的设备也不同，因此很有必要了解设备的形状、尺寸、重量。即使其他条件再好，因形状、尺寸、重量的原因也有不能使用的，所以必须注意这一点。如果将货物分为大型货物、中型货物、小型货物，最好是各自选用其最适用的设备。

（3）设备的作业能力 设备的作业能力，如自动化仓库的码垛机，必须注意用托盘出库时的能力和传送带运输机出库的能力及实际分类能力的差距。

（4）物流量的平衡 设备选用是重要的，之所以重要不仅仅是影响分拣的速度，而且还要考虑整体的平衡。

在配送中心，因物流量波动很大，如果选择的设备适应物流高峰，必然会存在设备过剩问题，所以大多是按物流量的平均值设计，高峰时的对策也只能考虑按平均值所选的设备。如果高峰没有相应的措施，分拣作业就不配套，有的只好将设备闲置，又回到人海战术。所以配送中心设计时一方面要控制设备费用，另一方面，在预算之内尽可能提高其资金利用率。

2. 车辆的配置

（1）车种的选择 一般配送中心用车多是小型汽车（2～3t）和普通汽车（4～12t）两种。

（2）台数的配置 通常由于每日配送量有变动，不能完全实行计划。因此，要根据配送量的多少安排好车辆。

3. 装卸搬运设备的配置

在配送中心的物流设施中，小批量、多品种处理货物时，大多设计高站台；对于大批量、少品种作业时，大多采用低站台。不管是高站台还是低站台，保管货物搬运作业相关的几乎都是托盘装载，采用叉车装卸的方法，所以要求在叉车、托盘、集装箱、平板车等设备选定时将标准化、单元化、省力化及安全性、弹性等作为原则。

四、配送中心的作业流程

1. 配送中心作业内容

在考虑配送中心系统的时候，首先要明确配送中心必要的作业内容。配送中心所从事的作业活动，按大类划分可分为以下几种：

（1）现场作业

1）入库作业：入库商品的检验、上架等。

2）保管作业：商品的保管管理。

3）备货作业：按照出库指示备齐商品。

4）出库检验作业：对备好的商品对照出库指示确认。

5）捆包、包装作业：细小商品装入箱内，为防止商品损伤或散落应进行包装。

6）分货、装载：按运送不同方向或区域的货车分货，向货车装载货物。

7）流通加工：贴标签、装箱、装袋等加工作业。

8）盘点：各种商品数量的确认。

（2）事务作业

1）出入库量更新：出入库发生时，以及在盘点基础上的库存台账的更新。

2）票据制作：装箱单、备货明细、运单等票据的印制。

3）结算处理：提供运费、包管费、作业费等所需数据。

2. 配送中心的作业流程

不同功能的配送中心和不同商品的配送，其作业过程和作业环节会有所区别，但作业流程又是统一的以及一致的。

（1）配送中心的一般作业流程　所谓的一般作业流程指的是：作为一个整体来看待，配送中心在进行货物配送作业时所展现出的整体工艺流程，如图5-4所示。这可以说是配送中心的典型流程，主要特点是有较大的储存场所，分货、拣选、配货的场所也较大。

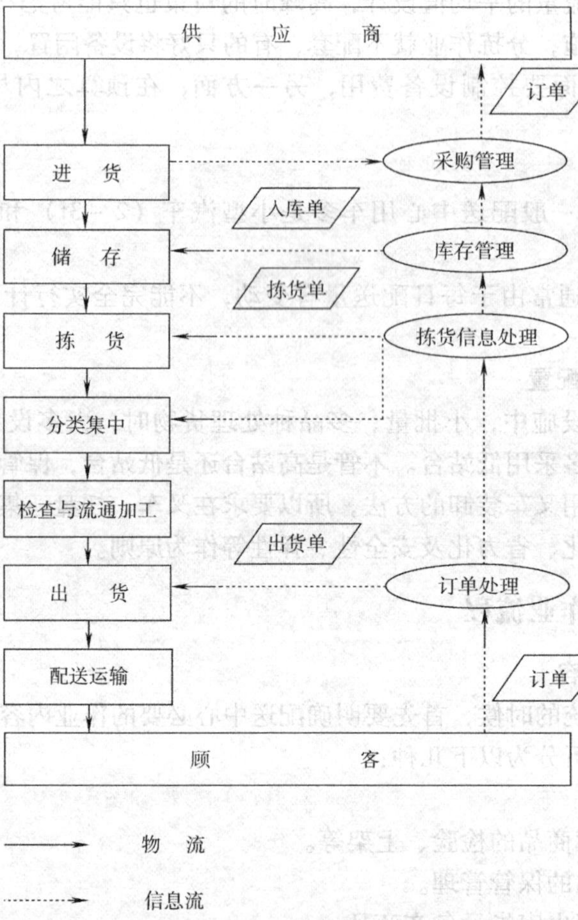

图5-4　配送中心的一般作业流程图

（2）配送中心的特殊作业流程　配送中心的特殊作业流程，是配送中心的商品分配体系依其承担职能的不同而形成的。配送中心的商品分配体系可以分为转运型、加工型、分货型三种模式，因而形成三种不同的特殊作业流程。

1）转运型配送中心的作业流程。转运型配送中心主要从事配货和送货活动，本身不设储存库和存货场地，而是利用其他“公共仓库”来补充货物。有时配送中心也暂存一部分商品，但一般都把商品放在理货区，不单独设置储货区。实际上，在这类配送中心内部，货物暂存和配货作业是同时进行的。例如，配送生鲜食品的配送中心通常都采取这种商品分配方式，其作业流程如图 5-5 所示。

图 5-5　转运型配送中心的作业流程

2）加工型配送中心的作业流程。加工型配送中心以流通加工为主，因此，在其配送作业流程中，储存作业和加工作业居于主导地位。由于流通加工多为单品种、大批量商品的加工作业，商品种类较少，通常不专门设立拣选、配货等环节，而是将加工好的商品，特别是生产资料，直接运到用户划定的货位区内。典型的加工型配送中心的作业流程如图 5-6 所示。

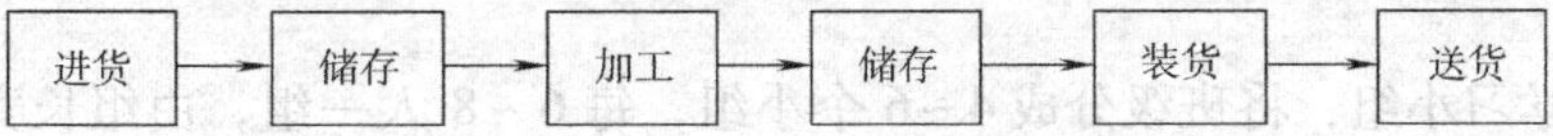

图 5-6　加工型配送中心的作业流程

3）分货型配送中心的作业流程。分货型配送中心是以中转货物为其主要职能的配送机构。在一般情况下，这类配送中心在配送货物之前都先要按照要求把单品种、大批量的货物（如不需要加工的煤炭、水泥等物资）分堆，然后再将分好的货物分别配送到用户指定的接货点。分货型配送中心的作业流程比较简单，无须拣选、配货、配装等作业程序，其作业流程如图 5-7 所示。

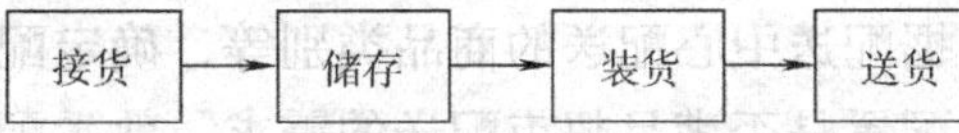

图 5-7　分货型配送中心的作业流程

知识检验

一、名词解释

配送中心

二、选择题

1. 配送中心按内部特性可分为（　　）。

A. 销售配送中心　　B. 储存型配送中心　　C. 加工型配送中心　　D. 区域配送中心

2. 配送中心的功能有（　　）。

A. 分拣　　B. 储存　　C. 加工　　D. 信息

3. 配送中心所从事的作业活动，按大类划分可分为（　　）。

A. 保管作业　　B. 现场作业　　C. 结算处理　　D. 事务作业

4. 分货型配送中心的作业流程包括（　　）。

A. 储存　　B. 拣选　　C. 装货　　D. 送货

三、判断题

充实并完善配送中心据点是配送中心网点合理布局的核心。（　）

四、简答题

1. 配送中心有哪些作用？
2. 配送中心网点布局有哪几方面的内容？
3. 转运型配送中心的作业流程是怎样的？

课题三　技能训练

任务描述

了解本地某一超市配送中心的选址、设备的配置及作业流程，能运用所学知识判断该超市的配送是否合理，并针对配送不合理的表现提出改进措施。

任务准备

建立合作学习小组，将班级分成4～6个小组，每6～8人一组，由组长安排具体工作。然后项目小组各成员进入项目角色，努力完成项目任务。

任务目的

考核学生对配送中心的选址、设备的配置及配送中心的作业流程的掌握情况，检验对所学知识的综合运用能力。

任务实施

收集超市相关资料，根据配送中心配送的商品类别等，确定配送中心的功能，分析配送中心选址的优劣势，设备的配置是否满足超市配送的需求，熟悉配送中心的作业流程并针对配送不合理的具体表现提出改进措施，写出项目报告书。

任务评价

项目（或任务）编号			学时		学生姓名			总分	
类别	序号	评价项目	评价内容及要求	评价标准	配分	学生自评	学生互评	教师评价	得分
岗位技能评价	1	任务书完成程度	能够完成项目报告书	不能完成无分	30				
	2	运用知识能力	能够准确填写项目报告书	不能准确填写无分，能准确填写一部分减分	30				
	3	完成时间	按时完成任务	不按时完成无分	10				

（续）

项目（或任务）编号			学时		学生姓名			总分	
类别	序号	评价项目	评价内容及要求	评价标准	配分	学生自评	学生互评	教师评价	得分
职业素质评价	4	安全生产	遵守企业安全操作规程	不遵守有关规定减分	10				
	5	文明生产	遵守实训室文明生产规则	不遵守有关规定减分	10				
	6	沟通交流	积极主动性强	不积极沟通减分	5				
	7	团队合作	合作参与意识好	合作不好减分	5				

注：按学生自评占20%、学生互评占30%、教师评价占50%计算总分。

任务小结

授课班级		授课时间		授课地点	
授课教师			任务名称		
学生表现					
存在问题及改进方法措施					

任务拓展

沃尔玛成功的利器——物流配送

沃尔玛公司作为世界上最大的商业零售企业，1999年全球销售总额达到1650亿美元，在世界500强中排名第二，仅次于美国通用汽车公司。2000年销售总额达1913亿美元，超过了通用汽车公司。

一家属于传统产业的零售企业，如何能在销售收入上超过“制造业之王”的汽车工业，超过世界所有的银行、保险公司等金融机构，超过引领“新经济”的信息企业，已成为各方关注的焦点。

沃尔玛公司前任总裁大卫·格拉斯这样总结：“配送设施是沃尔玛成功的关键之一，如果说我们有什么比别人干得好的话，那就是配送中心。”

沃尔玛公司于1962年建立第一个连锁商店，随着连锁店铺数量的增加和销售额的增长，物流配送逐渐成为企业发展的瓶颈。于是，1970年沃尔玛在公司总部所在地建立起第一间配送中心，集中处理公司所销商品的40%。随着公司的不断发展壮大，配送中心的数量也不断增加。到现在该公司已建立62个配送中心，为全球4000多个店铺提供配送服务。整个公司销售商品的85%由这些配送中心供应，而其竞争对手只有约一半的商品集中配送。

沃尔玛公司配送中心的基本流程是：供应商将商品送到配送中心后，经过核对采购计划、进行商品检验等程序，分别送到货架的不同位置存放。提出要货计划后，电脑系统将所需商品的存放位置查出，并打印有商店代号的标签。整包装的商品直接由货架上送往传送带，零散的商品由工作台人员取出后也送到传送带上。一般情况下，商店要货的当天就可以将商品送出。

沃尔玛公司共有六种形式的配送中心：

第一种是“干货”配送中心，主要用于生鲜食品以外的日用商品进货、分装、储存和配送，目前该公司这种形式的配送中心数量很多。

第二种是食品配送中心，包括不易变质的饮料等食品，以及易变质的生鲜食品等，需要有专门的冷藏仓储和运输设施，直接送货到店。

第三种是山姆会员店配送中心，这种配送批零结合，有1/3的会员是小零售商，配送商品的内容和方式同其他配送不同，使用独立的配送中心。由于这种商店1983年才开始建立，数量不多，有些商店使用第三方配送中心的服务。考虑到第三方配送中心的服务费用较高，沃尔玛公司已决定在合同期满后，用自行建立的山姆会员店配送中心取代。

第四种是服装配送中心，不直接送货到店，而是分送到其他配送中心。

第五种是进口商品配送中心，为整个公司服务，主要作用是大量进口以降低进价，再根据要货情况送往其他配送中心。

第六种是退货配送中心，接收店铺因各种原因退回的商品，其中一部分退给供应商，一部分送往折扣商店，一部分就地处理，其收益主要来自出售包装箱的收入和供应商支付的手续费。

如今，沃尔玛公司在美国拥有100%的物流系统，配送中心已是其中一小部分，其完整的物流系统不仅包括配送中心，还有更为复杂的资料输入采购系统、自动补货系统等。

单元六　包装、搬运装卸和流通加工

知识目标

1. 掌握包装知识，并能运用其中部分技术包装商品。
2. 了解搬运装卸和流通加工知识。

技能目标

- 质量要求：能很好地运用包装方法完成包装任务。
- 方法要求：熟悉运用包装方法，不出现应用错漏。
- 安全要求：严格按照教学安排实施任务，程序不紊乱。
- 文明要求：能按照学习现场管理规章要求实施活动，自觉合作完成任务。
- 任务完成时间要求：6 学时。

问题导入

包装是拿个硬纸箱一装就行了吗？

课题一　包　　装

一、概述

根据我国国家标准《物流术语》（GB/T 18354—2006）中的定义，包装是在流通过程中保护产品，方便储运，促进销售，按一定技术方法而采用的容器、材料及辅助物的总称。也指为了达到上述目的而采用容器、材料和辅助物的过程中施加一定技术方法等的操作活动。

二、包装的分类

1. 按功能分类

按包装的功能可以分为销售包装和运输包装。运输包装是以保护运输、仓储过程中的物品为主要目的的包装。运输包装的重要特点，是在满足物流要求的基础上使包装费用越低越好。销售包装是以促进销售为主要目的，这种包装的特点是外形美观，有必要的装潢，包装单位适于顾客的购买量及商店陈设的要求。一般来说，在流通过程中，商品越接近顾客，越要求包装有促进销售的效果。通常情况下，运输包装与销售包装有明显的区别，但近来也有二者相互融合的情况，即运输包装有销售包装的特点，而销售包装也有运输包装的作用。如家电产品的包装就呈现这样的趋势。

2. 按包装方法分类

按包装的技术方法可以分为防潮包装、防锈包装、防虫包装、防腐包装、防震包装等。

3. 按包装材料分类

根据包装物所使用的材料可以分为纸箱包装、塑料箱包装、木箱包装、金属箱包装、玻璃瓶包装、纸盒包装等。

4. 按内容物分类

按包装内容物可以分为液体包装、粉末体包装、颗粒体包装等。

除此之外，其他的专业分类还有很多，不一一列举。

三、包装的功能

包装有三大特性：保护性、单位集中性、便利性，这三大特性具有四大功能：保护商品功能、方便流通功能、方便商品交易功能、促进销售功能。其中保护商品功能、方便流通功能是与物流活动密切相关的两个功能，而方便商品交易功能、促进销售功能则是与商流有关的功能。

1. 保护商品功能

1）防止商品的破损、变形等物理性变化。

2）防止商品发生变质等化学变化。

3）防止有害生物对商品的影响。

4）防止异物混入，污物污染，丢失、散失。

2. 方便流通功能

1）方便商品的储存。

2）方便商品的装卸搬运。

3）方便运输。

3. 方便商品交易功能

包装单位的大小应适合于进行交易的批量，在零售商品方面，应适合于消费者一次购买。

4. 促进销售功能

1）包装形状与构造具有吸引顾客的能力。

2）包装的文字、图案、色彩可以刺激顾客的购买欲。

3）包装的外部形态起到宣传、介绍、推销商品的作用。

四、包装合理化

1. 包装合理化的概念

所谓包装合理化，是指在包装过程中使用适当的材料和适当的技术，制成与物品相适应的容器，节约包装费用，降低包装成本，既满足包装保护商品、方便储运、有利销售的要求，又要提高包装的经济效益的包装综合管理活动。包装合理化与标准化是“一胞双胎”，二者相互依存、相互促进。

2. 物流包装合理化的措施

包装合理化一方面包括了包装总体的合理化，这种合理化往往用整体物流效益和微观包装效益的统一来衡量，另一方面也包括包装材料、包装技术及包装方式的合理组合与运用。目前，包装合理化向包装尺寸标准化、包装大型化、包装机械化、包装材料环保化、适当的包装等方向发展。

（1）包装尺寸标准化　物流系统高效率化的关键在于使单元货载系统化。所谓单元货载系统是把货物归整成一定数量的单件进行运输。其核心是自始至终采用托盘运输，即从发货至到货后的装卸，全部使用托盘运输方式。为此，在物流过程中所有的设施、装置、机具均应引进物流标准概念。

物流标准是指为实现标准化，提高物流效率，将物流系统各要素的基准尺寸体系化，其基础就是单元货载尺寸。单元货载尺寸是运输车辆、仓库、集装箱等能够有效利用的尺寸。当单元货载尺寸确定之后，各种商品都需要按单元货载尺寸进行包装，这样有利于集装箱及托盘的装箱、装盘。包装尺寸与单元货载尺寸的统一，有利于实现全物流系统的合理化。

（2）包装大型化　随着交易单位的大型化和物流过程中搬运的机械化，单个包装也趋于大型化。包装单位大型化可以节省劳力，降低包装成本。

（3）包装机械化　包装过去主要是依靠人力作业，进入大量生产、大量消费时代以后，包装的机械化也就应运而生。包装机械化从逐个包装机械开始，直到装箱、封口、捆扎等外包装作业完成。此外，还有使用托盘堆码机进行的自动单元化包装，以及用塑料薄膜加固托盘的包装等。

包装机械化对于节省劳动力，货物单元化，提高销售效率，以及采取无人售货方式等均是必要的，不可缺少的。

（4）包装材料环保化　包装的寿命很短，多数到达目的地后便废弃了，但随着物流量的增大，垃圾公害问题提上议事日程。随着对“资源有限”认识的加深，包装材料回收利用和再生利用受到了重视。今后应尽可能地推行包装容器的循环使用，并尽可能地回收废弃的包装容器予以再生利用。

（5）适当的包装　包装材料会消耗大量的自然资源。因此要求在包装设计时应考虑包装适当的问题，过度的包装是一种浪费。但包装强度不足，包装材料也会造成商品在流通过程中的损耗。

五、运输包装的标志

运输包装的标志按其用途可分为运输标志、指示性标志、警示性标志三种。

1. 运输标志

运输标志又称为唛头，主要作用是便于在运输装卸等工作中识别货物。根据国际标准化组织的要求，运输标志的主要内容应包括：收货人或买方名称的英文缩写字母或简称；参考号，如运单号、订单号或发票号；目的地；件号。

2. 指示性标志

指示性标志又称为注意标志、包装储运标志，主要作用是在货物运输、装卸和储存过程中，引起作业人员的注意，使他们按图示标志的要求进行操作（表6-1）。

表6-1　常用指示性标志

图　示	图示名称	作　用	图　示	图示名称	作　用
	小心轻放标志	用于货物的外包装上。表示包装内货物易碎，不能承受冲击和震动，也不能承受大的压力，如灯泡、瓷器、玻璃器皿等，要求搬运、装卸时必须小心轻放		怕热标志	表示包装内货物怕热，不能曝晒，不许置于高温热源附近。如食用油等产品，用于货物外包装上
	向上标志	用于货物外包装上。表示包装内货物不得倾倒、倒置。例如，墨水、洗涤剂产品，要求在搬运和放置货物时注意其向上的方向		禁用手钩标志	用于货物外包装上。表示不得使用手钩直接钩着货物或其包装进行搬运，例如，纸箱、麻袋等包装件，保护包装本身不受损坏，也能保证商品不受损坏
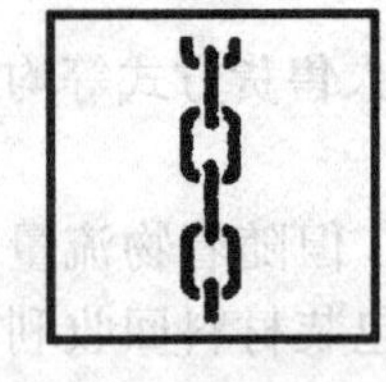	由此吊起标志	用于货物外包装上。表示吊运货物时挂链条或绳索的位置。可在图形符号近处找到方便起吊的起吊钩、孔、槽等。避免在装卸中发生破箱等损坏现象，也有利于提高装卸效率		怕湿标志	用于怕湿的货物。表示包装件在运输过程中要注意防雨淋或直接洒水，例如，化肥、面粉等商品，在储存中要避免存放在阴暗潮湿或低洼处
	禁止堆码	该货物不能堆码，其上也不能放置重物	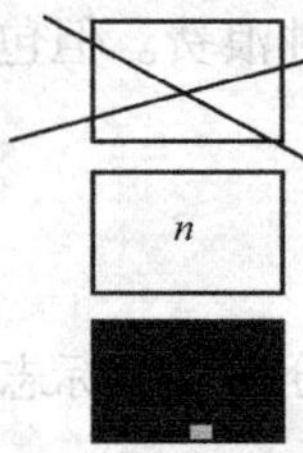	堆码层数极限	用于货物外包装上。表示货物允许最大堆垛的层数，n 为层数极限
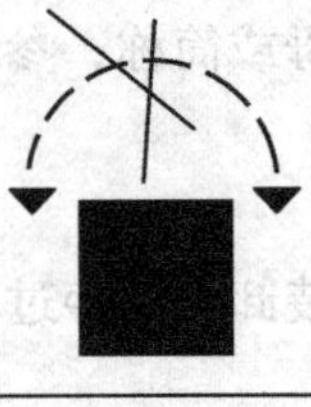	禁止滚翻标志	表示搬运货物时不得滚动，只能作直线移动，如平移、上升、放下等	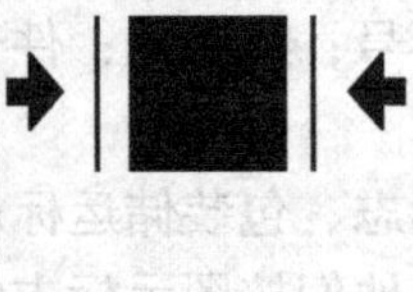	由此夹起	指示装运货物时夹钳放置的位置

3. 警示性标志

警示性标志又称为危险品标志，用以说明该商品是有毒、易爆、易燃、腐蚀性或放射性等危险物品，以警告工作人员，使其在装卸、运输和保管过程中按货物特性采取相应的保护措施（表6-2）。

表6-2 常用警示性标志

图示	图示名称	图示	图示名称
	爆炸品标志		易燃液体标志
	腐蚀品标志		一级放射性物品标志
	剧毒品标志		感染性物品标志

知识检验

一、填空题

1. 销售包装的主要目的是__________；而运输包装的主要目的是__________。

2. 包装有三大特性：__________、__________、__________。

二、选择题

对玻璃制品的运输包装一般采用（　　）。

A. 防锈包装　　B. 防霉包装　　C. 防震包装　　D. 防虫包装

三、简答题

1. 简述包装的功能。

2. 怎样实施包装合理化?

课题二 搬运装卸

一、搬运装卸的含义

搬运是指在同一场所内，对物品进行空间移动的作业过程。而装卸则是指物品在指定地点以人力或机械载入或卸出的运输工具的作业过程。一般来说，搬运是指物体横向或斜向的移动，装卸指上下方向的移动。广义的装卸则包括了搬运活动。

搬运装卸是随运输和保管而产生的必要物流活动，是对运输、保管、包装、流通加工等物流活动进行衔接的中间环节，以及在保管等活动中为进行检验、维护、保养所进行的装卸活动，如货物的装上卸下、移送、拣选、分类等。装卸作业的代表形式是集装箱化和托盘化，使用的装卸机械设备有吊车、叉车、传送带和各种台车等。在物流活动的全过程中，搬运装卸活动是频繁发生的，因而是产品损坏的重要原因之一。对装卸搬运的管理，主要是对装卸搬运方式、装卸搬运机械设备的选择和合理配置与使用，以及装卸搬运合理化，尽可能减少装卸搬运次数，以节约物流费用，获得较好的经济效益。

二、搬运装卸作业分类

搬运装卸作业是一个完整的系统，它由劳动力（装卸搬运人员）、装卸搬运设施和设备、货物、车船库等“硬件”系统和工艺（作业方法及流程）、信息、管理等“软件”系统组成，同时还需要保障系统。因此，通常可根据作业场所和作业特点对其进行分类：

1）按作业场所，流通领域的装卸搬运主要分为铁路装卸、港口装卸和场库装卸三大类。铁路装卸是指在铁路车站进行的装卸作业。它包括汽车在铁路货物和站台旁的装卸作业；铁路仓库和堆场的堆码、拆取、分拣、配货、中转作业；铁路车辆在货场及站台的装卸作业；服务于装卸搬运的辅助作业，如加固、清扫、揭盖篷布、移动车辆、计量等作业。港口装卸是指在港口进行的各种装卸作业，主要是码头、船舶的装卸搬运作业，如图6-1所示。场库装卸是指在用户的货场、仓库进行的装卸作业，即铁路车辆和汽车在厂矿或储运业的仓库、堆场、集散点等处进行的装卸作业。

图6-1　港口装卸作业

2）按操作特点，流通领域的装卸搬运作业可分为：堆码拆取作业，分拣配货作业和挪动移位作业。

三、装卸活性

装卸活性是搬运装卸专用术语，是指从物的静止状态转变为装卸状态的难易程度。装卸活性可用“活性指数”进行定量的衡量，见表6-3。在货场装卸搬运过程中，如果下一步工序比上一步的活性指数高，因而下一步比上一步工序更便于作业时，称为“活化”。装卸搬运的工序、工步应设计得使货物的活性指数逐步提高，则称“步步活化”。通过合理设计工序、工步，以做到步步活化作业的同时，还要采取相应措施和方法尽量节省劳力，降低能耗。这些方法和措施的实例有：作业场地要尽量硬化；运动服务尽量光洁精确；在满足作业要求的前提下，货物净重与其单元毛重之比尽量接近于1；能进行水平装卸、滚动装卸的，尽量采用水平装卸和滚动装卸。

表 6-3 装卸搬运的活性指数表

装卸搬运活性指数	货物状态描述
0 级	货物杂乱地堆放在地面上
1 级	货物已被成捆地捆扎或集装起来
2 级	货物被置于箱内，下面放着枕木或衬垫，或放置于托盘内，以便于叉车或其他机械进行装卸搬运
3 级	被放置于台车或起重机等装卸搬运机械上，处于可移动状态
4 级	已被起动，处于装卸，搬运的直接作业状态

四、装卸搬运设施和设备

装卸搬运设施和设备是进行装卸搬运作业的劳动工具或物质基础，其技术水平是装卸搬运作业现代化的重要标志之一。装卸搬运设施主要包括存仓、漏斗。装车隧洞、卸车栈桥、高路基、装卸线、固定站台、活动站台、照明、动力、维修、工休设施、防疫、计量检验、保洁设施等。装卸搬运设备的制造已经产业化，西方和日本一般称为搬运机械制造业，我国称为起重运输机械制造业，都在机械工业上占有相当的比重，为装卸搬运作业提供各种机械设备。为便于管理，通常按其用途和结构进行分类。按装卸机械的用途主要分为：单件作业用设备、集装作业用设备和散装作业用设备三大类。按结构则分为起重机械、输送机械、工业车辆、专用机械四大类。这里仅列出按结构分类的主要装卸搬运设备：

（1）起重机械类

1）较小起重设备：葫芦、绞车。

2）升降机：电梯、升降机。

3）起重机：桥式类型起重机、门式类型起重机、臂式类型起重机、梁式类型起重机等。

本类设备的特点是：间歇动作、重复循环、短时载荷、升降运动。

（2）输送机械类

1）有牵引构件的输送机：带式输送机、板式输送机、悬挂输送机、斗式提升机、自动快梯、板式提升机、链式输送机等。

2）无牵引构件的输送机：螺旋输送机、振动输送机、辊子输送机等。

3）气力输送装置：分为悬浮式和推送式两种气力输送装置。

这类设备的特点是：连续动作、循环运动、持续载荷、路线一定。

（3）工业车辆类

1）叉车：前移式叉车、插腿式叉车、平衡式叉车、跨车、侧叉等。

2）单斗装载机。

3）牵引车。

4）挂车、底盘车。

这类设备的特点是：在轮式无轨底盘上装有起重、输送、牵引或承载装置，进行流动作业。

（4）专用机械类　翻车机、堆取料机、堆垛机、拆垛机、分拣专用机械设备、集装箱专用装卸机械、托盘专用装卸机械、船舶专用装卸机械、车辆专用装卸机械等。

这类设备的特点是：带专用取物装置的起重、输送机械与工业车辆相结合，一般进行专门作业。

五、搬运装卸基本方法

装卸搬运的基本方法，可以分别从作业对象、作业手段、装卸设备作业管理、作业方式的角度进行划分：

（1）按作业对象（货物形态）分

1）单件作业法，即单件逐件货物作业。

2）集装作业法，指将货物集零为整（集装化）后再行装卸搬运的方法。这种方法又可按集装化方式不同，分为集装箱作业法、托盘作业法、货捆作业法、滑板作业法、挂车作业法（驮背式运输）。

3）散装作业法，是指对诸如煤炭、矿石、建材等大宗货物通常采用的散装、散卸方法，以及近来随着粮食、食糖、水泥、化肥、化工原料等的作业量增大，为提高装卸效率，降低成本而趋向采用散装、卸散的方法。散装散卸方法主要分为：重力法（利用货物的位能完成装卸、倾翻法（利用运输工具的载货部分倾翻完成卸货）、机械法（利用各种抓、铲、舀等机器完成装卸）、气力输送法（利用风机在管道内形成气流，依靠气体的动能或压差输送货物）。

（2）按作业手段及组织水平分　可分为人工作业法、机械化作业法、综合机构化作业法。

（3）按装卸设备作业原理分　可分为间歇式作业法（如包装货件、笨重货物等的装卸搬运是断续、间歇、重复、循环进行的）和连续性作业法。

（4）按作业方式分　可分为吊装吊卸法（也称垂直装卸法，见图6-2）和滚装滚卸法（也称水平装卸法，见图6-3）。

图6-2　吊装吊卸法

图6-3　滚装滚卸法

六、装卸搬运的基本原则

装卸搬运的基本原则是指装卸搬运活动应当遵循的原则或要求达到的目标。根据装卸搬运活动的特征和作用，为了提高装卸搬运作业的效率和经济效益，在长期实践中总结出装卸搬运的基本原则，可以归纳为：

（1）减少环节、简化流程　因为货物装卸搬运不产生价值，作业的次数越多，货物破损和发生事故的频率越大，费用越高，因此首先要考虑尽量不装卸搬运或尽量减少装卸搬运次数。

（2）文明装卸，科学运营　由于装卸搬运是重体力劳动，很容易超过人的承受限度。如果不考虑人的因素或不够尊重人格，就容易发生“野蛮装卸”。因此管理上要做到人性化管理，杜绝“野蛮装卸”；科学化管理，确保货物、装卸设施、设备安全；针对不同的装卸作业，科学组织管理，做到作业场所无障碍，作业不间断、作业通道畅通，作业过程无事故。

（3）集中作业，集散分工　主要是指装载点和卸载点要尽量集中，同一类货物尽量集中在一起。“集散分工”是指成件货物集装化作业，粉粒状袋装货物散装化作业，要作为装卸搬运作业的两个发展方向。

（4）协调兼顾，标准通用　是指装卸搬运与其他物流环节之间、装卸搬运各工序、工步之间，要相互协调，实行通用标准化管理。

（5）步步活化，省力节能　主要指提高装卸搬运工序之间的装卸活性，并在作业时尽量节省人力物力的使用。大体做法是：能往下则不往上、能直行则不拐弯、能用机械则不用人力、能水平则不要上斜、能滑动则不摩擦、能连续则不间断、能集装则不分散。

（6）巧装满载、牢固稳定　是指充分利用运输工具的装载利用率；货物装上车船或在货场、仓库堆码要稳固，减少货损。

上述原则都是一些基本性要求。但落实起来涉及面广，难度很大，也不是装卸搬运行业自身所能解决的。应当从物流系统的整体上统筹规划，合理安排，各个环节要紧密配合，才有助于这些原则落实。

知识检验

一、填空题

1. 搬运是指在同一场所内，对物品进行＿＿＿＿＿＿＿＿＿＿的作业过程。

2. 装卸活性是指从＿＿＿＿＿＿＿＿＿＿转变为＿＿＿＿＿＿＿＿＿＿的难易程度。

二、选择题

以下货物，装卸搬运活性为 1 的是（　　）。

A. 放在汽车上的货物　　B. 放在地上被捆扎好的货物

C. 放置在托盘上的货物　　D. 放置在传送带上的货物

三、简答题

简述装卸搬运的基本原则。

课题三　流通加工

一、流通加工概述

流通加工是指根据顾客的需要，在流通过程中对产品实施的简单加工作业活动（如包装、分割、计量、分拣、刷标志、拴标签、组装等）的总称。流通加工和一般的生产型加工在加工方法、加工组织、生产管理方面并无显著区别，但在加工对象、加工程度方面差别较大，其主要差别表现在五个方面，见表 6-4。

表6-4 流通加工与生产加工的区别

项目	流通加工	生产加工
加工对象	进入流通过程的商品，具有商品的属性，是最终产品	不是最终产品，而是原材料、零配件、半成品
加工程度	大多是简单加工，而不是复杂加工	复杂加工
附加价值	目的在于完善其使用价值并在不做大改变的情况下提高价值	目的在于创造价值及使用价值
加工责任人	由商业或物资流通企业完成加工	由生产企业完成
加工目的	为方便流通所进行的加工或为消费进行加工	为消费进行加工

二、流通加工的作用

流通加工的效果体现在以下一些方面：

1. 提高原材料利用率

利用流通加工将生产厂直接运来的简单规格产品，按照使用部门的要求进行集中下料。例如，将钢板进行剪板、切裁；钢筋或圆钢裁制成毛坯；木材加工成各种长度及大小的板、方等。利用流通加工环节进行集中下料，是将生产厂直接运来的简单规格产品，按使用部门的要求进行下料。集中下料可以优材优用、小材大用、合理套裁，有很好的技术经济效果。又如北京、济南、丹东等城市对平板玻璃进行流通加工（集中裁制、开片供应），使玻璃的利用率从60%提高到85%~95%。

2. 进行初级加工，方便用户

对于用量小或临时产生需要的单位，因缺乏进行高效率初级加工的能力，依靠流通加工便可使这些使用单位省去进行初级加工的投资、设备及人力，从而搞活供应，方便了用户。目前发展较快的初级加工有：将水泥加工成生混凝土、将原木或板方材加工成门窗、冷拉钢筋及冲制异型零件、钢板预处理、整形、打孔等加工。

3. 提高加工效率及设备利用率

物流企业建立集中加工点后，可以采用效率高、技术先进、加工量大的专门机具和设备。这样做的好处，一是提高了加工质量，二是提高了设备利用率，三是提高了加工效率。其结果是降低了加工费用及原材料成本，并应加强宣传力度，以广招货源。

4. 充分发挥各种输送手段的最高效率

流通加工环节将实物的流通分成两个阶段。一般说来由于流通加工环节设置在消费地，因此，从生产厂到流通加工这第一阶段输送距离长，而从流通加工到消费环节地第二阶段距离短。第一阶段是在数量有限的生产厂与流通加工点之间进行定点、直达、大批量的远距离输送，因此，可以采用船舶、火车等大量输送的手段；第二阶段则是利用汽车和其他小型车辆来输送经过流通加工后的多规格、小批量、多用户的产品。这样可以充分发挥各种输送手段的最高效率，加快输送速度，节省运力运费。

5. 改变功能，提高收益

在流通过程中进行一些改变产品某些功能的简单加工，其目的除上述几点外还在于提高产品销售的经济效益。

三、流通加工的种类

为了充分体现流通加工对物流服务功能的增强，流通加工分化成了很多种类。主要包括：

1）为弥补生产领域加工不足的深加工。

2）为满足需求多样化进行的服务性加工，如在戒指上刻名字（图6-4）。

3）为保护产品所进行的加工。

4）为提高物流效率、方便物流的加工。

5）为促进销售的流通加工，如食品加工作业（图6-5）

图6-4 在戒指上刻名字

图6-5 食品加工作业

6）为提高加工效率的流通加工。

7）为提高原材料利用率的流通加工。

8）以提高经济效益，追求企业利润为目的的流通加工。

9）衔接不同运输方式，使物流合理化的流通加工。

10）生产—流通一体化的流通加工形式。

四、不合理的流通加工形式

在实际工作中，经常会发生不合理的流通加工形式，主要有以下几种：

1）流通加工地点设置得不合理。

2）流通加工方式选择不当。

3）流通加工作用不大，形成多余环节。

4）流通加工成本过高，效益不好。

为避免各种不合理现象，对是否设置流通加工环节，在什么地点设置，选择什么类型的加工，采用什么样的技术装备等，需要做出正确抉择。目前，国内在进行这方面合理化的考虑中已积累了一些经验，取得了一定成果。

实现流通加工合理化主要考虑以下几个方面。

1）加工和配送结合。

2）加工和配套结合。

3）加工和合理运输结合。

4）加工和合理商流相结合。

5）加工和节约相结合。

五、流通加工的经济效益

流通加工的经济效益可以表述为流通加工的劳动投入与效益产出的对比关系。在具体的加工部门可表现为流通加工的数量和实现的价值与劳动消耗和劳动占用的对比关系。

1. 流通加工的直接经济效益

1）流通加工劳动生产率高。

2）流通加工可提高原材料的利用率。

3）流通加工可以提高加工设备的利用率。

4）流通加工可以提高被加工产品的质量。

2. 流通加工的间接经济效益

1）流通加工能为许多生产者缩短生产的时间，使他们可以腾出更多的时间来进行创造性的生产，为社会提供更多的物质财富。

2）流通加工部门可以用表现为一定数量的货币的加工设备为更多的生产或消费部门服务，这样可以相对地减少全社会的加工费用支出。

> 知识卡
>
> 常见的食品流通加工有：1）鱼、肉、禽类的冷冻；2）生奶酪的冷藏；3）鲜牛奶的灭菌和摇匀；4）生鲜食品及蔬菜的速冻包装、真空包装等。

3）流通加工能对生产的分工和专业化起中介作用。它可以使生产部门按更大的规模进行生产，有助于生产部门劳动生产率的提高。

4）流通加工可以在加工活动中更为集中、有效地使用人力、物力，比生产企业加工更能提高加工的经济效益。

5）流通加工为流通企业增加了收益，体现了物流的“第三利润源泉”。流通部门为了获得更多的利润，流通加工是一项创造价值的理想选择。对加工企业而言，采用相对简单，投入相对较少的流通加工，可以获得较为理想的经济效益；对社会而言，流通企业获利的同时社会效益也会提高。

知识检验

一、填空题

1. 流通加工的经济效益可以表述为流通加工的________________与________________的对比关系。

2. 流通加工能对生产的分工和专业化起________________。

二、选择题

实现流通加工合理化的措施有（　　）。

A. 流通加工与节约相结合　　B. 流通加工与装卸相结合

C. 流通加工与配送相结合　　D. 流通加工与销售相结合

三、简答题

1. 简述流通加工的经济效益。

2. 简述流通加工与生产加工的区别。

课题四 技能训练

1. 包装练习

任务描述

某电器生产企业在完成产品生产后，工作人员开始对产品进行包装（说明：有条件的可以改为自动打包机）。

任务准备

准备若干个硬纸箱模拟产品，准备好塑钢带、手动打包机、封箱胶带，每两人为一个组，进行手动打包机练习。

任务目的

考核学生运用手动打包机的能力。

任务实施

两人一组实施打包练习。

（1）质量要求

1）封箱胶带能完全封住箱口，并能完全与纸箱粘在一起，不平之处应用手抹平。

2）塑钢带松紧适宜，以张开的手掌正好能贴箱插入为标准，纸箱不能变形、塌陷。

（2）安全要求

1）操作时人不能面对塑钢带，以防塑钢带弹起伤人。

2）操作时手不能伸入手动打包机及钢钳内。

3）使用手动打包机、钢钳时，应轻拿轻放，爱护工具，不能随手挥舞，以防伤及他人。

2. 搬运装卸练习

任务描述

某电器生产企业在完成产品包装后，工作人员开始对产品进行搬运装卸（说明：有条件的可以改为自动堆高机或电动叉车）。

任务准备

准备若干个已经包装合格的硬纸箱模拟产品，准备好手动堆高车和托盘，每两人为一个组，进行手动堆高车练习，一人进行搬运练习，另一人负责观察，并负责货物上下货架。完成一个练习后，交换角色练习。

任务目的

考核学生运用手动堆高车的能力。

任务实施

两人一组实施搬运装卸练习。

（1）质量要求

1）正确装载货物，货物边缘不能超过托盘，搬运装卸过程中，货物不得从托盘上掉落。

2）正确使用手动堆高车，货叉提升高度适宜。

（2）安全要求

1）不要超载。

2）注意地面条件是否允许使用。

3）每次使用前做一次彻底的操作检查。

4）使用正确的举升技术使用堆高车，在拖行时，指状手柄应置于中间位置。

5）手动堆高车在使用时，其他人至少应离1m远。

6）手动堆高车上不能站人，货叉下不能站人。

7）若手动堆高车出现问题，学生不能自行维修。

8）按规定路线拖行手动堆高车。

9）使用推行方式时，货物堆高不应高于推行者视线。

3. 粘贴标志练习

任务描述

某物流企业对入库的商品进行包装标志粘贴工作。

任务准备

准备若干个已经包装合格的标明产品名称的硬纸箱，模拟产品。若干张包装标志（包括易碎商品、向上等多种指示性标志）和胶水，每两人为一个组，进行粘贴标志练习，一人进行练习，另一人负责观看，两人交替进行标志粘贴练习。

任务目的

考核学生选用标志、粘贴标志的能力。

任务实施

两人一组实施标志粘贴练习。

（1）质量要求

1）正确选用标志。

2）标志粘贴位置正确，粘贴平整。

① 箱类包装：位于包装端面或侧面。

② 袋类包装：位于包装明显处。

③ 桶类包装：位于桶身或桶盖。

④ 集装单元货物：应位于四个侧面。

⑤“小心轻放”标志应标在包装商品所有四个侧面的左上角处。

⑥“向上”标志应标在包装商品所有四个侧面的左上角处，和“小心轻放”标志同时使用时，“向上”标志应更接近包装箱角。

⑦“由此夹起”标志只能用于可夹持的包装件。标志应标在包装件的两个相对面上，以确保作业时标志在叉车司机的视线范围内。

⑧“由此吊起”标志至少贴在包装件的两个相对面上。

（2）安全要求

1）不能乱抛、乱扔商品。

2）包装标志等工具应摆放整齐，不能散落

任务评价

任务（或作者）编号		学时		学生姓名		总分	

类别	序号	评价项目	评价内容及要求	评价标准	配分	学生自评	学生互评	教师评价	得分
岗位技能评价	1	完成质量	按要求完成任务	视任务完成情况给分	60				
	2	完成时间	按时完成任务	不按时完成无分	10				
职业素质评价	3	安全生产	遵守设备安全操作规程	不遵守有关规定减分	10				
	4	文明生产	遵守实训室文明生产规则	不遵守有关规定减分	10				
	5	沟通交流	积极主动性强	不积极沟通减分	5				
	6	团队合作	合作参与意识好	合作不好减分	5				

注：按学生自评占 20%、学生互评占 30%、教师评价占 50% 计算总分。

任务小结

授课班级		授课时间		授课地点	
授课教师		任务名称			
学生表现					
存在问题及改进方法措施					

任务拓展

美怡乐的包装革命——让品牌鲜活起来！

美怡乐早在1989年就进入武汉，依靠香芋蛋筒、红豆棒冰等产品锁定着一批忠诚度较高的消费者，销售额长期保持第一的地位。20世纪90年代末期在长期以经销商为导向的推广策略下，步步陷入市场竞争中价格战的苦海，品牌价值大打折扣。2002年，冰淇淋行业进入到一个战国时代，国内群雄并起（伊利、蒙牛全国市场迅速铺开），国外品牌强势围攻（和路雪和雀巢的本土化战略），行业的集中度不断提高，品牌战事加强。

2002年11月，大众设计与湖北美怡乐进行了从推广策划、包装设计到品牌维护、推广及企业销售人员培训的全面合作。双方共同的目的是让美怡乐鲜活起来！在进行详细的调查分析下并结合美怡乐自身特点，他们给美怡乐赋予了新的意义：给品牌定位于“冰淇淋专家”并成为具有革新意义的新ICON。为了让品牌鲜活，一个活泼可爱的吉祥物乐乐熊应运而生，新的广告诉求“尽享美味时刻!”，真情焕发新鲜形象。接下来，一系列新包装、户外、终端海报全面推出，市场见证：美怡乐真的鲜活起来了！

问题讨论：

包装有哪些功能？美怡乐的包装革命体现了包装的哪方面功能？

在国际市场“掘金”的物流包装师

在改革开放的大潮中，江苏无锡的乡镇企业迅速崛起，一大批国际著名制造企业相继落户工业园区，出口产品包装、装箱业务十分红火，周富强凭借业务平台，捕捉国内企业进口设备的信息，伺机到国际市场上去把业务做大。

在短短的几个月中，周富强通过各种渠道和途径获得了不少企业进口设备的信息。他一个一个地上门拜访，其间他碰了无数次钉子，周富强毫不气馁。最终有家从瑞典进口炼钢设备的工厂，表示愿意把其中的1.9万t设备单独列项，让他报价做方案，参与招标竞争。周富强对拿下这笔业务充满自信。

根据工厂提供的设备清单和到货期限，周富强按照日本物流的技术指标和作业标准，精心设计作业方案，运用多种包装方式，使用最小的包装尺寸和最低限度的集装箱数量，以及中等水平的作业费用，形成了综合报价。招标时，周富强一路过关斩将，最终一举夺标。理由是各种数据科学合理，作业程序安全可靠，使用工具、材料符合国际标准。最具竞争力的是整个项目费用比国外承包商便宜了一半。

1991年4月，周富强带领精心挑选的几十名中国包装工人，在北欧的瑞典王国安营扎寨，奋战三个月，全面完成了合同规定的作业任务。设备运回国内工厂后，经厂方和瑞典专家验收，设备一件不少，完好无损，瑞典专家伸出拇指连声“OK、OK!”完成这次业务后，周富强感到收获最大的是有了走出去按国际规则组织专业运作的亲身经历，摸索和积累了经验，有了拓展业务的资本。

正是有了跨国作业的资本，周富强的业务不断，连连出击国际市场。1993年在意大利为国内企业包装了1.7万t的进口设备，1995年在西班牙包装的数量少一些，也有8000t，1997年在日本包装了1.6万t。数量最多，最值得回味的是2002年在德国完成的一次3.4万t的设备包装任务。

问题讨论：

1. 什么是物流标准？
2. 周富强成功的主要原因是什么？他带给我们什么启示？

单元七　物流信息管理

知识目标

1. 掌握物流信息的分类与特点。
2. 掌握各项物流信息技术的概念、用途。

技能目标

- 质量要求：能很好地运用汽车零部件仓库条码管理系统完成汽车零配件的入库任务。
- 方法要求：熟悉并利用条码采集终端记录汽车零配件外包装上的条码信息，选择对应仓库及货位。
- 安全要求：严格按照教学安排实施任务，程序不紊乱。
- 文明要求：能按照学习现场管理规章要求实施活动，自觉合作完成任务。
- 任务完成时间要求：6 学时。

案例导入

2002 年 11 月，联华超市与光明乳业之间建立了自动要货系统。联华各门店在每天 24：00之前汇总当天光明乳业的牛奶销售和库存信息，并在次日 9：00 前将该数据传送至联华总部电子数据交换系统（EDI 系统），这些数据处理后在当天 12：00 加载到光明乳业有效客户反应系统（ECR）。光明乳业收到数据后，根据天气、销售、促销指标等因素进行订单预测。经预测的订单产生后，该公司开始做发货准备，并将订单数据发送到联华总部电子数据交换系统，联华门店当天 21：00 前将收到收货信息，光明乳业在第三天 6：30 以前将所订的牛奶送到联华各门店。联华门店在收到货物后，除了在收货单据上签收外，还必须在当天 12：00 之前将收货信息自动导入管理信息系统（MIS）。

自动订货系统的推行，使牛奶这一冷链商品在门店销售中既保证了鲜度又扩大了销售。同样的方式，"个性生鲜"的特点逐步在联华扎根生长。

问题：

1. 什么是 EDI 系统？谈谈你对它的理解。
2. 结合联华超市与光明乳业的成功经验，你认为 EDI 系统能给企业带来哪些收益？

课题一　物流信息

一、物流信息的分类

信息最简单的定义可以理解为"消息"。物流信息是指与物流活动（如物流数量、物流地区、物流费用、商品包装、商品运输、商品储存、商品装卸等）有关的一切信息。它贯穿于物流活动的整个过程。

在处理物流信息和建立信息系统时，对物流信息进行分类是一项基础工作。通常，物流信息有以下若干种：

1. 按信息领域分类

按信息产生和作用的领域，物流信息可分为物流活动所产生的信息和提供物流使用的、其他信息源产生的信息两类。一般而言，在物流信息中，前一类是发布物流信息的主要信息源，它不但可以指导下一个物流循环，也可提供于社会，成为经济领域的信息；后一类信息则是信息工作收集的对象，是其他经济领域、工业领域产生的对物流活动有作用的信息，主要用于指导物流。

2. 按信息的作用不同分类

按物流信息的作用不同可分成以下几类：

（1）计划信息　它指的是尚未实现的但已当作目标确认的一类信息，如物流量计划、仓库吞吐量计划、车皮计划，与物流活动有关的国民经济计划、工农业产品产量计划等。许多具体工作的预计、计划安排等，甚至带有作业性质的，如协议、合同、投资等信息，只要尚未进入具体业务操作的，都可归入计划信息之中。这种信息特点是信息更新速度较慢，带有相对稳定性。掌握这些信息，物流活动便可在这些计划前提下规划自身的战略发展。

（2）控制及作业信息　它在物流作业中不断产生的信息，往往带有很强的动态性，是掌握物流现实活动状况必不可少的信息，如库存种类、库存量、在运量、运输工具状况、物价、运费、投资在建情况、港口发展情况等。这种信息的特点是动态性非常强，更新速度很快且时效性很强，往往是此时非常有价值的信息，在短时间内就变得一文不值。掌握这种信息的主要作用，是用以控制和调整正在发生的物流活动和指导下一次即将发生的物流活动以实现对过程的控制和对业务活动的微调。这是管理工作不可缺少的信息。

（3）统计信息　它是在物流活动结束后，对整个物流活动一种终结性、归纳性的信息。这种信息是一种恒定不变的信息，有很强的资料性，虽然新的统计结果不断出现，从总体上来看具有动态性，但已产生的统计信息都是一个历史性的结论，是恒定不变的。诸如上一年度、月度发生的信息物流量、物流种类、运输方式、运输工具使用量、仓储量、装卸量，以及与物流有关的工农业产品产量、内外贸易量等都属于这类信息。这种信息有很强的战略价值，分析这些信息可以掌握过去的物流活动及其规律，用以指导物流战略发展和制订计划。物流统计信息也是国民经济中非常重要的一类信息。

（4）支持信息　它是指能对物流计划、业务、操作有影响的或有关文化、科技、产品、法律、教育、民俗等方面的信息，如物流技术的革新，物流人才的需求等。这些信息不仅对物流战略发展有价值，而且对控制、操作也能起到指导、启发的作用，是可以从整体提高物流水平的一类信息。

3. 按信息加工程度不同分类

物流空间之大，时间之长，决定了信息发生源多，且信息量大，因此，会因信息量太大而使人无法容纳、无法收集，无法从中洞察和区分有用信息，若出现无法有效利用信息的

“信息爆炸”，情况便非常严重。为此，需要对信息进行加工，按加工程度不同可对信息分成两类：

（1）原始信息　它是指未加工的信息，是最具权威性、凭证性的信息，是信息工作的基础。原始信息是加工信息的依据，是加工信息可靠性的保证。有时候，人们只重视加工信息而放弃了原始信息，一旦有争议、有疑问，无法用原始信息核证，在这种情况下，加工信息便毫无意义，所以，忽视原始信息是不当的。

（2）加工信息　它是对原始信息进行各种方式、各个层次处理之后的信息。这种信息是对原始信息的提炼、简化和综合，可大大缩小信息量，并将信息梳理成规律性的东西，便于使用。加工信息需要各种加工手段，如分类、汇编、汇总、精选、制档、制表、制音像资料、制文献资料、制数据库等，同时还要制成各种指导使用的资料。

二、物流信息的特点与功能

1. 物流信息的特点

物流信息与其他领域信息相比，其特殊性主要表现在以下几个方面：

1）物流信息量大，分布广。由于物流是一个大范围内的活动，物流信息源也就分布于一个大的范围。物流信息的产生、加工和应用在时间、地点上就不一致，在方式上也不相同，如果信息在分布很广的范围内没有实现统一管理或标准化，信息便缺乏通用性。

2）物流信息动态性强，信息的价值衰减速度快。物流本身就是一个流通过程，对信息工作及时性要求较高。在企业大系统中，强调及时性，对信息的收集、加工、处理、传递速度都要快。

3）物流信息种类多。不仅本系统内部各个环节有不同种类的信息，而且由于物流系统与其他系统，如生产系统、销售系统等密切相关，因此还必须收集相关系统的信息，这就增大了物流信息分类、研究、筛选的难度。

不同类别的物流信息还有不同特点，例如，物流系统产生的信息，由于需要向社会提供，因而收集信息力求全面、完整；而收集的其他系统信息，则要根据物流要求予以选择。

2. 物流信息的功能

广义的物流信息不仅能起连接整合生产厂家、批发商、零售商，最后到消费者的整个供应链的作用，而且在应用现代信息技术（如EDI、EOS、POS、互联网、电子商务等）的基础上能实现整个供应链活动的成本最优化，具体说就是利用物流信息对供应链各个企业的计划、协调、顾客服务和控制活动进行更有效的管理。总之，物流信息在物流活动中起着举足轻重的作用，它关系到商务物流的整个过程。通过物流信息的快速、准确地传递和共享，再通过高效的物流信息系统的控制，就能够达到提高运营效率、降低总成本的目的，从而在服务和成本两个目标之间找到最佳的平衡点。

知识检验

一、选择题

1. 物流信息按信息的作用不同可以分为（　　）。

A. 计划信息　　B. 控制及作业信息　　C. 物流活动信息　　D. 物流使用信息

2. 物流信息具有（　　）等特点。

A. 信息量大　　B. 分布范围小　　C. 种类多　　D. 动态性强

二、简答题

1. 什么是信息？试列出你身边所接触到的商品或者物流信息。

2. 什么是物流信息？物流信息是如何分类的？

课题二　物流信息系统

一、物流信息系统的概念

物流信息系统是指由人员、计算机硬件、软件、网络通信设备及其他办公设备组成的人机交互系统，其主要功能是进行物流信息的收集、存储、传输、加工整理、维护和输出，为物流管理者及其他组织管理人员提供战略、战术及运作决策的支持，以达到组织的战略竞优，提高物流运作的效率与效益。

二、几种典型的物流信息系统

在信息流动的过程中，物流信息系统一端与物流管理功能接口，另一端与物流管理环境接口，为管理者和决策人及时提供精确信息，并据此做出决策。典型的物流信息系统有订货系统、决策支持系统、运输、库存、配送等系统。

（1）订货系统　它是物流信息系统中最重要的系统，它与顾客相联系，对顾客产生直接的影响。

（2）决策支持系统　它是以计算机为基础解决复杂物流问题的分析模型，即在给定资金或管理参数的情况下进行“如果怎么样，就……”的分析。

（3）运输信息系统　它主要是处理各种运输问题。例如，日本开发的直达运输系统，目的在于选择最接近用户的仓库，然后对用户实行快速直达运输。

（4）库存信息系统　通过这一系统主要是掌握各分散地点的库存量及生产企业库存量，便于进行库存管理。库存信息系统是应用较为广泛的系统，是各类型物资管理信息系统的基础系统。无论进行哪种管理，库存信息都是首先要掌握和收集的。

（5）配送信息系统　它主要是向各营业点提供配送物资的信息，根据订货查询库存及配送能力发出配送指示，发出结算指示及发货通知；汇总及反馈配送信息。

知识检验

填空题

1. 典型的物流信息系统包括＿＿＿＿＿＿，＿＿＿＿＿＿，＿＿＿＿＿＿，＿＿＿＿＿＿，＿＿＿＿＿＿等系统。

2. ＿＿＿＿＿＿系统是物流信息系统中最重要的系统，它与顾客相联系，对顾客产生直接的影响。

3. ＿＿＿＿＿＿系统主要是根据订货查询库存及配送能力，发出配送指示，发出结算指示及发货通知；汇总及反馈配送信息。

课题三　物流信息技术的应用

一、条码技术与扫描器

在流通和物流活动中，为了能迅速、准确地识别商品，自动读取有关商品的信息，条码技术被广泛应用。条码（Bar Code）是由一组规则排列的条、空及字符组成的，用以表示一定信息的代码。按使用方式分为直接印刷在包装上的条码和印刷在商品标签上的条码；按使用目的分为商品条码和物流条码。

一个完整的条码符号由两侧空白区、起始符、条码数据符、条码校验符和终止符组成，如图7-1所示。

图7-1　条码示意图

商品条码是以直接向消费者销售的商品为对象、以单个商品为单位使用的。它由13位数字组成，最前面的2个数字表示国家或地区的代码，中国的代码是69，接着的5个数字表示生产厂家的代码，其后的5个数字表示商品品种的代码，最后的1个数字用来防止机器发生误读错误。例如，商品条码6902952880041中，69代表中国，02952代表贵州茅台酒厂，88004代表53%（V/V）、106PROOF、500mL的白酒。物流条码是物流过程中的以商品为对象、以集合包装商品为单位使用的条码。标准物流条码由14位数字组成，除了第1位数字之外其余13位数字代表的意思与商品条码相同。物流条码第1位数字表示物流识别代码，在物流识别代码中，1代表集合包装容器6瓶酒、2代表24瓶酒，物流条码26902952880041代表该包装容器装有中国贵州茅台酒厂的白酒24瓶。商品条码和物流条码的区别见表7-1。

表7-1　商品条码和物流条码的区别

项　目	应用对象	数字构成	包装形状	应用领域
商品条码	向消费者销售的商品	13位数字	单个商品包装	POS系统、补充订货管理
物流条码	物流过程中的商品	14位数字（标准物流条码）	集合包装（如纸箱集装箱等）	出入库管理、运输保管分拣管理

目前现存的条码码制多种多样，但国际上通用的和公认的物流条码码制只有三种：ITF-14条码、UCC/EAN-128条码及EAN-13条码。选用条码时，要根据货物的不同和商品包装

的不同，采用不同的条码码制。单个大件商品，如电视机、电冰箱、洗衣机等的包装箱往往采用 EAN-13 条码。储运包装箱常常采用 ITF-14 条码或 UCC/EAN-128 应用标识条码，包装箱内可以是单一商品，也可以是不同的商品或多件商品小包装。

条码是有关生产厂家、批发商、零售商、运输业者等经济主体进行订货和接受订货、销售、运输、保管、出入库检验等活动的信息源。条码的识别装置采用各种光电扫描设备。光电扫描设备从原理上可以分为光笔、CCD（图像感应器）和激光三类，从形式上可分为手持式和固定式两种。激光扫描器是目前性能最好的扫描器，由于激光的聚焦性非常好，其分辨率特别高，但它的价格高，比 CCD 的价格高出 3 ~5 倍。因此，在我国目前普遍使用的都是 CCD 手持式扫描器。

二、电子数据交换（EDI）

1. EDI 含义

EDI（Electronic Data Interchange）通过电子方式，采用标准化的格式，利用计算机网络进行结构化数据的传输和交换。在国际物流领域里，EDI 的应用十分广泛。EDI 以电子化传输的报文取代纸面单证，被人们认为是自集装箱发明以来最具有意义的便利贸易和物流的技术，它使得为社会提供高质量的物流服务成为可能。

> 知识卡
>
> **条码自动识别技术**
>
> 运用条码进行自动数据采集的技术，主要包括编码技术、符号表示技术、识读技术、生成与印制技术和应用系统设计等。

EDI 经常被简单地看作用电子单据取代纸张单据、用电子传输的方式取代传统传输方式的方法，如邮寄、电话或人工投递等，然而 EDI 更是一种用电子数据输入取代人工数据输入的方法，更是一种用电脑处理数据取代人工处理数据的方法，EDI 的主要目的不是消除纸张，更主要的是消除处理的延误及数据的重复输入。

EDI 的主要功能表现在：电子数据传输和交换、传输数据的存证、文书数据标准格式的转换、提供信息查询服务、提供信息增值服务等。

2. EDI 在物流过程中的应用

由于 EDI 在物流运作中充分利用现有计算机及通信网络资源，提高交易双方信息的传输效率，降低物流的运作成本，其快速、精确等特性，使 EDI 能为用户带来实质性的好处。具体来说，主要包括以下几个方面：首先，对制造业来说，利用 EDI 可以有效地减少库存量及生产线待料时间，降低生产成本；其次，对于运输业来说，利用 EDI 可以快速通关报检、科学合理地利用运输资源、缩短运输距离、降低运输成本费用和节约运输时间。第三，对于零售业来说，利用 EDI 可以建立快速响应系统，减少商场库存量与空架率，加速资金周转，降低物流成本，同时也可以建立起物流配送体系，完成产、存、运、销一体化的供应链管理。

另外，在国际贸易中，EDI 减少了国际商务文件的差错，并加速了文件的处理。据一项研究表明，国际贸易文件的成本每年达 400 亿美元，其中还有 40% 的国际货运单据含有差错。而一个国际货运单据的差错导致的损失，比国内贸易要高得多。只要国际贸易所需的许多单据中有任意两份不匹配，那就可能导致整个装运的推迟。EDI 由于能够减少差错，消除产生差错的机会，因此对国际物流是有深远意义的。

三、全球定位系统（GPS）

1. GPS

GPS（Global Positioning System）即全球定位系统。它利用导航卫星进行测时和测距，使在地球上任何地方的用户，都能测定出它们所处的方位。

2. GPS 在物流中的应用

GPS 在物流领域可以应用于汽车自动定位、跟踪调度及铁路运输等方面的管理，也可以用于军事物流。首先，在汽车自动定位、跟踪调度方面，利用 GPS 的计算机信息系统，可以实时收集全路汽车所运货物的动态信息，实现汽车、货物追踪管理，并及时进行汽车的调度管理。车辆导航将成为未来全球卫星定位系统应用的主要领域之一。我国已有很多家公司在开发和销售车载导航系统。其次，在铁路运输方面，利用 GPS 和计算机网络实时收集各路列车、机车、车辆、集装箱及所运货物的动态信息，可实现列车及货物的跟踪管理。只要知道货车的车种、车型和车号，就可以立即从铁路网上流动着的几十万辆货车中找到该货车，还能得知这辆货车现在何处以及所载货物发货信息。第三，用于军事物流，通过 GPS 可以准确掌握和了解各地驻军情况，无论在战时还是和平年代都能及时准确地进行后勤补给。

四、销售时点系统（POS）

1. POS

随着计算机与通信技术的迅猛发展，一种新型的计算机应用工具——POS 系统也相应产生，并得到不断发展。POS（Point Of Sale）系统是在对销售商品进行结算时，通过自动读取设备（如收银机）在销售商品时直接读取商品销售信息（如商品名、单价、销售数量、销售时间、销售店铺、购买顾客等），并通过通信网络和计算机系统传送至有关部门进行分析加工以提高经营效率的系统。

运用 POS 系统可以实现商业零售点的自动记账、自动现金出纳、自动建立库存账等自动化零售管理。

2. POS 的运行过程

店铺销售的商品贴上条码或 OCR 标签，在对销售商品进行结算时，收银员通过光电扫描器读取条码标签，通过店铺内的微型计算机确认商品的单价来计算顾客购买总金额，同时返回收银机，打印出顾客购买清单和付款总金额。各店铺的销售时点信息通过 VAN（专用增值网）以在线连接方式即时传送给总部或物流中心。在总部或物流中心利用销售时点信息掌握商品的进货、销售、存储的数据，从而进行库存调整、配送管理、商品订货等作业；通过对销售时点信息分析来掌握消费者购买动向，找出畅销商品和滞销商品。

五、管理信息系统（MIS）

1. MIS

所谓 MIS（Management Information System）系统即管理信息系统，是一个由人、计算机及其他外围设备等组成的能进行信息的收集、传递、存储、加工、维护和使用的系统。它是一门新兴的科学，其主要任务是最大限度地利用现代计算机及网络通信技术加强企业的信息管理，通过对企业拥有的人力、物力、财力、设备、技术等资源的调查了解，建立正确的数据，加工处理并编制成各种信息资料及时提供给管理人员，以便进行正确的决策，不断提高企业的管理水平和经济效益。

2. MIS 系统的应用

目前，企业的计算机网络已成为企业进行技术改造及提高企业管理水平的重要手段。随着我国与世界信息高速公路的接轨，企业通过计算机网络获得信息必将为企业带来巨大的经济效益和社会效益，企业的办公及管理都将朝着高效、快速、无纸化的方向发展。MIS 系统通常用于系统决策，例如，可以利用 MIS 系统找出目前迫切需要解决的问题，并将信息及时反馈给上层管理人员，使他们了解当前工作发展的进展或不足。换句话说，MIS 系统的最终目的是使管理人员及时了解公司现状，把握将来的发展路径。物流信息的处理就是运用 MIS 系统负责货物的购进、储存及配送管理，并进行配送经营的辅助决策工作，如货物的自动补给系统。

一个完整的 MIS 应包括：辅助决策系统（DSS）、工业控制系统（IPC）、办公自动化系统（OA），以及数据库、模型库、方法库、知识库和与上级机关及外界交换信息的接口。其中，办公自动化系统（OA）、与上级机关及外界交换信息等都离不开 Intranet 的应用。可以这样说，现代企业 MIS 不能没有局域网（Intranet），但局域网（Intranet）的建立又必须依赖于 MIS 的体系结构和软硬件环境。随着因特网（Internet）技术的高速发展，因特网（Internet）必将成为人类新社会的技术基石。基于因特网（Internet）的 MIS 系统必将成为网络时代的新一代管理信息系统，前景极为乐观。

知识检验

一、选择题

1. EDI 是指（　　）。

A. 识别商品的数字信息

B. 采用标准化的格式，利用计算机网络进行业务数据的传输和处理

C. 具有在海、陆、空进行全方位实时三维导航与定位能力

2. EDI 具有（　　）等功能。

A. 电子数据传输和交换　　B. 文书数据标准格式的转换

C. 提供信息查询服务　　D. 提供信息增值服务

二、简答题

1. 什么是 EDI 技术？该技术的应用给企业带来哪些好处？

2. 什么是 GPS？它给公路运输、铁路运输及军事物流带来何种优越性？

课题四　技能训练

任务描述

某汽车零部件仓库收到一批汽车零部件，工作人员利用条码采集终端和汽车零部件仓库条码管理系统开始对零部件进行接收及上架工作（图 7-2）。

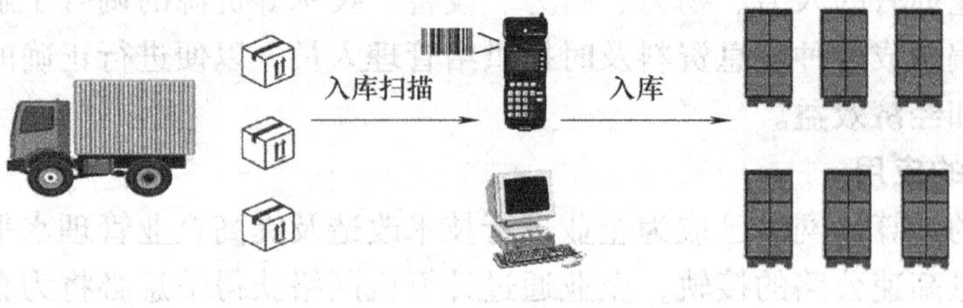

图7-2　接收及上架示意图

任务准备

准备若干个汽车零部件包装箱（或硬纸箱），每两人为一个组，进行零部件接收及上架练习。

任务目的

考核学生运用条码采集终端和仓库条码管理系统的能力。

任务实施

两人一组实施零部件的接收及上架练习。

（1）质量要求

1）接收零部件，并完成上架作业。

2）根据货位查询存放零部件或者根据零部件号查询货位。

（2）安全要求　使用条码采集终端时应轻拿轻放，爱护设备，不能随手挥舞，以防伤及他人。

任务评价

项目（或任务）编号			学时		学生姓名		总分		
类别	序号	评价项目	评价内容及要求	评价标准	配分	学生自评	学生互评	教师评价	得分
岗位技能评价	1	完成程度	能够按要求完成零件的接收任务	不能完成无分	20				
	2	运用知识能力	能够准确按照货位号完成货物的上架	不能完成无分，能完成一部分减分	20				
	3	完成时间	按时完成任务	不按时完成无分	10				
	4	可操作性	所提建议有可操作性	建议不合理减分	10				

（续）

项目（或任务）编号			学时		学生姓名			总分	
类别	序号	评价项目	评价内容及要求	评价标准	配分	学生自评	学生互评	教师评价	得分
职业素质评价	5	安全生产	遵守安全规程	不遵守有关规定减分	10				
	6	文明生产	遵守实训室文明生产规则	不遵守有关规定减分	10				
	7	沟通交流	积极主动性强	不积极沟通减分	10				
	8	团队合作	合作参与意识好	合作不好减分	10				

注：按学生自评占20%、学生互评占30%、教师评价占50%计算总分。

任务小结

授课班级		授课时间		授课地点	
授课教师		任务名称			
学生表现					
存在问题及改进方法措施					

任务拓展

神龙汽车集成化的信息管理

神龙汽车有限公司由中国东风汽车集团、法国雪铁龙汽车集团、法国国民银行和法国兴业银行共同出资于1992年初成立的（中方投资占70%）。神龙公司经历了5年的发展历程，拥有零件加工、装配、包装、运输、销售等一整套设备、设施、人员及组织机构。随着国内轿车市场竞争越来越激烈，该公司感到原有管理方法已严重钳制了企业发展，尤其是在与合作企业的信息沟通上存在着较大的问题。

神龙公司的信息管理存在一些影响供应链运作效率的问题。生产计划中所需的关键数据

（如制造明细、订货信息、库存状态、缺货报警、运输安排、在途物资等），只有部分进行集成和共享，决策者在进行生产计划安排时无法快速获取有效数据。公司内部各部门信息系统在联网、系统接口、共享及与公司外部联系等方面存在较大难度，缺乏统一性和协调性。现行的新车销售系统侧重于资金流的管理和售后服务的跟踪，对于公司外部信息流，主要是用户数据的搜集、分析和处理等功能不够完善，缺少快速有效的顾客信息反馈机制。因此，供应、生产和需求缺乏必要的沟通，公司难以真正按市场需求安排生产。另外，神龙公司与其他合作企业之间的信息交流尚未建立规范体系，无共同遵守的工作准则。如神龙公司与雪铁龙公司的业务往来是通过EDI进行的，1992年2月雪铁龙公司更改了发货合同的格式，未提前与神龙公司做好技术上的准备，由于传输的格式不同，导致神龙公司的翻译软件无法工作，无法获取数据。

为此，神龙公司改变原有的企业信息系统模式，建立供应链管理的企业信息系统，将供应商、分销商、用户等的关系组建一个链网结构，建立战略伙伴关系，保证了供应链与生产计划同步化和实现企业之间的信息共享，从而极大提高了公司的竞争力，取得了预期的经济效益。

随着网络技术的发展，神龙公司采用基于局域网和Internet/EDI技术的企业信息组织方式，达到资源共享，缩短数据传输时间，减少数据传输中的差错，有效地保障了工作质量。如在神龙和雪铁龙的国际贸易中采用EDI技术，大大减少了纸质单据的传递，使订单、发货通知、发票等大量的数据、文件信息传递变得可靠和通畅，减少了低效工作和非增值活动，并使双方快速获得信息，更方便地进行交流和联系，提高了相互服务的水平。

从这一案例中，我们看到以神龙公司为核心企业，与供应商、分销商和用户形成网链状供应链，实行基于供应链的集成化信息管理，有重要的实用价值，仅从缩短提前期、降低库存、加快资金流转、提高响应市场应变能力这些方面来看，就已发挥了巨大作用。

联合速递公司的技术

联合速递公司（Uniter Parcel Service，UPS）是世界上最大的配送公司。1992年，UPS公司的收入接近160亿美元，其包裹和单证流量大约29亿件，平均每天向100多万的老顾客递送1100万件包裹。公司向制造商、批发高、零售商和服务公司提供各种范围的陆路和空运的包裹和单证的递送服务，以及大量的增值服务。

1986年以前，UPS公司并不依赖信息技术来推动其配送业务。当时，公司的高级副总裁，现任主席和首席执行官的肯C.“Oz”纳尔逊（Ken C.“Oz”Nelson），被选中去领导一支“技术使命部队”，其战略目标是要从根本上对公司的技术进行彻底的大检修，把功能性的、作业导向的公司转化为一个精通现代技术的公司。该“使命部队”首先制订了一个5年计划和15亿美元的预算。该计划如期完成，但是，在不到5年的时间里，UPS公司就花完了所分配的钱。据了解，该项努力耗资“几十亿”。到1991年，UPS公司的通信网络已连接了6台大型计算机、250台小型计算机、4万台个人电脑，以及全世界1300个配送点之间的7.5万台手提式计算机。

公司对应用必要的战略信息技术的要求是，对未来市场需求和顾客需求做出高度精确的描述。整个20世纪80年代，UPS公司以其大型的棕色货车车队和及时的递送服务，控制了路面的包裹速递市场。然而，到20世纪80年代后期，随着竞争对手利用不同的定价策略，以及跟踪和开单的创新技术对UPS的市场进行蚕食，公司的收入开始下滑。为了提供可靠的、明确规定时间的递送服务，路面承运人与航空承运人之间的竞争日益激烈。在航空速递市场中，注重于既缩短时间又降低成本的基于时间的管理战略已占优势。

UPS 公司致力于信息技术的升级和利用，提供除通宵装运之外的各种服务。这种趋势有望继续到可预测的未来。有许多大型的托运人希望通过单一服务来源提供全程的配送服务。随着竞争的白热化，服务需求已变得越来越迫切。顾客们正指望更多的信息控制成本和提高效率。UPS 公司负责营销的副总裁迪克·格林认为，如今，提供信息服务已是包裹递送业务中的一个至关重要的竞争要素。格林说："我们正努力营造，提供顾客们正在期待的全面信息服务。"

UPS 公司已通过广泛应用三项以信息为基础的技术来提高其服务能力。

第一，条形码和扫描仪使 UPS 公司能够有选择的每周 7 天、每天 24h 的跟踪和报告装运状况，顾客只需拨个免费的电话号码，即可获得"地面跟踪"和航空递送这样的增值服务。

第二，UPS 公司的递送驾驶员现在携带着以数控笔技术为基础的手提式计算机，到排好顺序的线路上收集递送信息。这种计算机使驾驶员能够用数字记录装运接受者的签字，以提供收货核实。计算机化的笔记本协调驾驶员信息，减少了差错，又加快了递送速度。

第三，UPS 公司最先进的信息技术应用，是 1993 年创建的一个全国无线通信网络，使用了 55 个蜂窝状载波电话。蜂窝状载波电话技术使驾驶员能够把实时跟踪的信息从货车上传递到 UPS 公司的中央电脑中。无线移动技术和系统得到来自新泽西州莫澳数据中心的 1 亿美元的支持，使公司能够提供电子数据储存，并能够恢复跟踪公司在全球范围内每天上百万笔递送业务。为了支持公司在欧洲增长的作业，UPS 公司还在莫澳基地安装了卫星地面站，提供美国与德国间的直接链接。

问题讨论：

试分析 UPS 公司应用的三项信息技术主要起到哪些作用。

单元八 供应链管理

知识目标

1. 了解供应链及供应链管理的含义。
2. 了解供应链的组成及特点。
3. 了解供应链管理环境下的物流问题。

技能目标

- 质量要求：能完整描述企业供应链组成。
- 方法要求：了解企业供应链各环节。
- 安全要求：了解并遵守企业的安全生产规则。
- 文明要求：能按照学习现场管理规章要求实施活动，自觉合作完成任务。
- 任务完成时间要求：6学时。

问题导入

什么是供应链？

课题一 供应链管理概述

一、供应链基本知识

1. 供应链的发展演变过程

供应链是从物流发展来的。随着物流的进一步发展，物流范围不断扩大，美国的学者提出供应链思想，Micheal Porter 首先提出了“价值链”的概念，在价值链发展的基础上形成相对比较完整的供应链。现在我们所说的供应链（Supply Chain）就是由 Micheal Porter 的价值链理论（Value Chain）发展而来。他指出，任何一个组织均可看作是由一系列相关的基本行为组成，这些行为对应于从供应商到消费者的物流、信息流和资金流的流动。随后这一理论不断深入和提高，将企业的外部联系与外部环境与企业内部生产流程联系起来。

而现在人们对供应链的认识有了更新的看法，更加注意围绕核心企业的网链结构，注重核心企业与其他上游和下游企业的关系，以及与用

> **知识卡**
>
> **核心企业**
>
> 是供应链上重要的企业，核心企业必须引导合作，开发和优化供应商，有提升供应链的核心能力。

户的关系，其中包含价值增值的过程。哈佛大学的哈默博士于 1990 年提出的企业流程再造（Business Process Reengineering，BPR）指出：企业的使命是为顾客创造价值，能够为顾客带来价值的是企业流程；企业的成功来自于优异的过程业绩，优异的过程业绩需要有优异的过程管理。B2B 的电子商务模式采用了以顾客为中心、面向过程的管理方法，提高了对顾客、市场的响应速度，注重整个流程最优的系统思想，消除了企业内部环节的重复、无效的劳动，让资源在每一个过程中流动时都实现增值，以达到成本最优、效率最高。

2. 供应链的概念

供应链一词源于英语的“Supply Chain”，是指生产及流通过程中，涉及将产品或服务提供给最终用户所形成的网链结构。在这个网链结构中，围绕核心企业，通过对物流、商流、资金流、信息流的控制，将产品生产和流通中涉及的原材料供应商、制造商、分销商、零售商以及最终消费者连成一个功能的网链，结成相互密切联系的供应链网络。

二、供应链的组成

供应链基本上包含了从最初的供应商到最终的客户之间与最终产品或服务的形成和交付有关的一切经营活动。供应链不仅仅包括制造商和零件或原材料供应商，也包括了批发商、分销商、零售商和最终用户。在一个组织内部，供应链包含了实现客户需求的所有职能，包括新产品开发、采购、生产、分销、财务和客户服务等。供应链是动态的，其中包含了信息、产品和资金在供应链各成员之间的流动，供应链的每个环节的不同流程由该环节的成员执行，与供应链的其他成员相互起互补作用。

供应链涉及将产品或服务提供给最终消费者的全部过程和活动的上游及下游企业组织，其中包括供应商、工厂、仓库、零售商等。它的组成是由物流链、信息链、价值链、技术链组成。这四条链是并行的，它们的关系如图 8-1 所示。

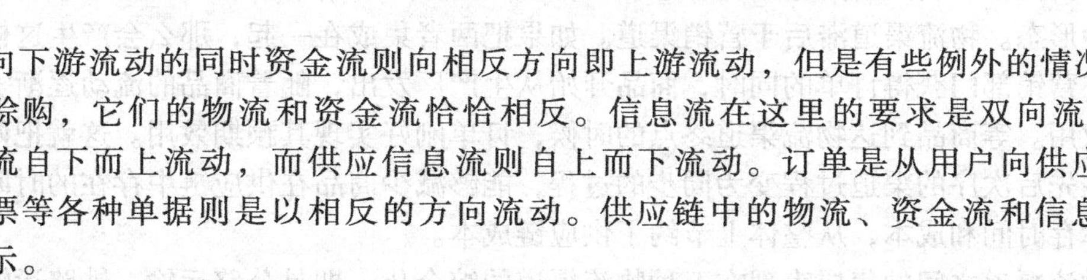

图 8-1　供应链中各链的关系图

物流向下游流动的同时资金流则向相反方向即上游流动，但是有些例外的情况，比如退货和赎购，它们的物流和资金流恰恰相反。信息流在这里的要求是双向流通的。需求信息流自下而上流动，而供应信息流则自上而下流动。订单是从用户向供应商移动，而发票等各种单据则是以相反的方向流动。供应链中的物流、资金流和信息流如图 8-2 所示。

近年来全球性的竞争越来越激烈，商业环境中新需求的出现，以及新技术的应用（主要是信息技术和数据处理系统），促进了企业重新审视自身发展战略和运作模式。供应链在这场企业鏖战中扮演了重要角色。

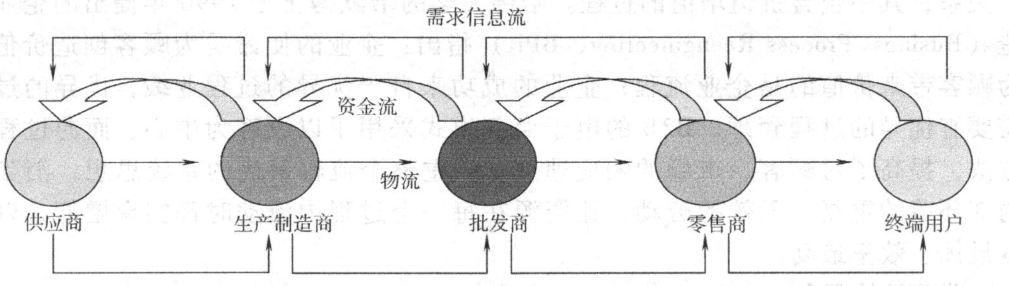

图 8-2　供应链中的物流、资金流和信息流

三、供应链的特点

知识卡

回　流

退货、返修物品和周转使用的包装容器等从需方返回供方所引发的物流活动。

供应链的出现使得物流又向前迈进了一步，现代物流的发展必然会导致供应链的出现。当新的物流需求出现的时候，即使是现代化的物流都不能满足物流需求时，就会出现一种新的物流形态来满足需求。供应链就是能够满足这种需求的物流形态。它集成了产品从“生”到“死”的过程中各环节的供应商、生产商、销售商及服务商的利益，所有的供应链成员都是共生的。由整个供应链所创造的利益也是由整个供应链的成员共同分享。在电子商务条件下，供应链的主要特点可以归纳为以下几点：

1. 供应链成员的物流反应迅速

供应链成员为满足供应链的需求，只要链上一个成员对市场有所反应，整条供应链的成员都会发生相应的反应。整个供应链对上、中、下游的物流及配送需求的反应速度越来越快，反应的前置时间越来越短。从而使物流配送的速度也越来越快，商品周转次数也越来越多，实现了整个供应链的物流配送的高效率化，这在电子化的经济体系下变得越发明显。

2. 供应链功能的集成

电子商务下的物流要求物流与供应链其他环节的高度集成。现代物流的发展已经把供应链集成看成大物流系统的重点。而电子商务下的供应链着重于整个供应链的系统功能集成。在供应链系统里面，物流渠道和营销渠道的集成、物流渠道之间的集成、物流环节与生产环节的集成、物流配送的功能的集成是供应链功能集成的最重要的四个方面。

物流渠道与营销渠道的集成表现在商品从生产厂那里运输到销售点的位移过程。在这过程中，营销渠道则表现为分销的订单获得，以及向生产厂请求发货直至把商品送到顾客手中的一种形态。物流渠道滞后于营销渠道。如果把两者集成在一起，那么会产生这样的一种结果：在营销部门获得订单的同时，商品开始从生产厂发出，随着商品的流动逐渐实现订单的预期效用。等商品到达物流渠道终点的时候，订单刚好实现其预期效用。这就把两个不同步的存在先后次序的渠道过程变为同步的过程，能够减少商品在供应链中存在的时间，进而减少了库存时间和成本，从整体上节约了供应链成本。

物流渠道之间的集成表现在五种物流渠道的综合化，即是公路运输、铁路运输、管道运输、水运、空运这五种运输的优化组合。我国目前已经建成了由铁路运输、公路运输、水路运输、航空运输和管道运输五个部分组成的综合运输体系，运输线路和场站建设，以及运输车辆与装备方面有较大的发展。但是，五种运输的优化组合还没有得到体现。合理的场站布局是集成的基础。场站布局好了，各种运输配送方式得到了很好的转换、连接，集成起来就比较容易了。

物流环节与生产环节的集成属于供应链上游的活动。这种集成主要是为了降低产成品的库存，增加生产与销售物流的柔性，减少生产与销售物流的滞后性。生产制造商在生产中可以动态地选择最适合的供应链成员来完成生产任务，生产出来的产品立刻得到集成的物流服务。

物流配送功能集成是供应链成员在集成物流配送中的各种功能如仓储、包装、流通加工、配送等的集成。最主要是从供应链的优化考虑。供应链上的成员出现某个物流环节的运作障碍时，集成物流配送功能可以从供应链上的其他成员的物流配送功能中获得使供应链物流配送顺利进行的能力。

3. 供应链目标及运作系统化

电子商务不是一两家公司的事情，而是供应链上众多成员的共同经济运作。这就要求供应链从系统的角度统筹规划整条供应链的整体物流活动，处理好物流活动和商流活动及供应链上各个公司之间的物流活动的关系，不能单单求个别企业的物流活动最优化，应该求整条供应链的物流活动最优化。供应链的运作也应当强调系统化。供应链的运作除了传统的储存、运输、包装等物流服务外，在外延上向上游扩展到市场调查与预测、采购、成本分析以及订单处理，向下延伸到物流配送、物流咨询培训、配送方案的选择与规划、货款回收与结算、库存控制策略等增值活动；在内涵上提高了供应链对市场营销决策的支持作用。电子商务下的供应链是利用一连串有效的方法，配合现代信息技术手段来整合供应商、制造商、分销商、零售商和服务提供商，使得商品可以按市场需求的准确数量生产，并在准确的时间配送到准确的地点。三个“准确”，目的只有一个，就是在一个令人满意的服务水准下，使得企业群整体系统的成本最小化目标。

小贴士

供应链的运作能中断吗？

2001 年 1 月，著名的爱立信公司宣布退出手机市场，这是因为 2000 年 3 月，美国新墨西哥州的一家半导体工厂被雷击起火，造成爱立信手机的核心芯片生产停止，供应链突然中断所致，从而导致丢失了市场。

4. 供应链物流手段现代化

由于供应链涉及的企业很多，容易造成不同产业供应链之间的物流阻碍。因此，供应链中的物流手段采用现代化居多。据美国一家专门研究供应链的机构的调查，截至 2000 年 12 月，美国超过 83.5% 的产业供应链成员应用了现代化的物流手段。在整个供应链中的生产、流通、销售规模越大，范围越广，相关的物流技术、设备及管理就越要现代化。现代的计算机技术、通信技术、机电一体化技术、语音识别技术等得到普遍应用。最先进的供应链物流手段还包括射频反应服务、自动分拣系统、自动配货系统、GPS 货物跟踪系统等。

5. 供应链组织网络化

传统上的企业之间的物流都是通过行业运输队伍的操作实现的，企业间除了商业上的来往外，很少在物流层次上有过沟通。近几年来，市场要求企业必须加快对市场的反应速度，在物流上构成了供应链。行业供应链的中下游厂商联系比较紧密，行业之间的供应链联系就不是那么紧密了。现在，这种局势正在被打破，行业供应链、行业之间的供应链的各个组织都迅速建立起联系。供应链组织网络化已经是大势所趋，并且成为现代物流中的供应链重要特点。网络化的供应链能够为供应链成员及时提供信息，满足市场对企业加快反应的要求。同时，为了保证对产品销售提供快速、全方位的物流支持，供应链也需要有完善、健全的网络，供应链网络上节点与节点之间的物流活动保持了一致性和系统性，为整个供应链组织保持最优总库存水平以及配送网点分布提供保证。供应链的网络化形成一个以行业供应链为纲，以供应链成员企业为目的纲目并举的供应链物流网。

6. 供应链服务连续化

供应链中的物流服务是一个连续化的无缝连接服务。供应链中任何一家企业的物流服务得到实现的同时，下一个物流服务会接踵而至，一刻都不会拖延。这种连续化的物流服务使得企业在实现一项物流任务的时候又得到另一项物流服务，保证了商品流通的连续性，缩短了流通时间。

商业运作中，这种连续化的无缝连接服务对企业的生产、销售具有重要意义，它能够保证生产、销售的不间断，保证了市场需求得到满足。

四、供应链管理的关键问题

1. 供应链管理模式

供应链管理是指是对供应链涉及的全部活动进行计划、组织、协调与控制。它是从一体化物流发展过来的，是物流产业发展的必然结果。当全球化的浪潮兴起之后，电子商务以其快速便捷的特点迅速蔓延全球。这时候，物流就不单单是商品流通的上游、中游、下游企业的单一流程，而是上中下游企业一起协作完成的过程。这种协作形成了物流供应链。物流供应链是各个物流环节的有机结合。网络化、一体化的综合物流服务是物流发展的重要标志。网络化、一体化的综合物流服务最终必然会形成产业供应链。

一般来说，供应链管理是基于宏观上的一种物流管理，是社会化的物流形式。这种形式包含了整个社会的各种产业供应链。供应链在国外存在三种理解：一种是有些学者认为，供应链是完全脱离物流本身的，它是一条企业间的连线，不涉及企业间的实体流通。另一种是部分大学教授认为，供应链与物流是并行的两个系统，两者是没有从属关系的，他们各自运行，互不干扰。还有一种是被认为比较贴近现代物流理念的观点，就是供应链是在物流发展的基础上形成的，它源于物流，但又超出物流，是物流各环节供应商的集成。供应链可以理解为：在整个产业中，由产业原材料供应商、产品生产商、产品销售商、物流配送服务商，售后维修服务中心组成的协作关系的总和。这种总和并不是各个企业简单加总在一起，而是链上的各企业有机结合，互补长短，弥合流通渠道中企业间的矛盾，形成一种新型的联盟型或合作型的物流新体系。通过这种新型的物流合作体系提高整体物流的效率。物流的发展最终要求由一个以独立物流服务供应商组成的网络来提供产品和服务，这个网络就是供应链。一般供应链的基本模式如图8-3所示。

国外供应链管理的成功，引发了国内对供应链管理的可行性进行研究。结合当前我国流通领域的诸多情况，加之企业之间的竞争观念的不断更新，20世纪90年代以来，顺应市场的需要，顺应竞争的需要，生产厂商、分销商、代理商引入了供应链管理理念。

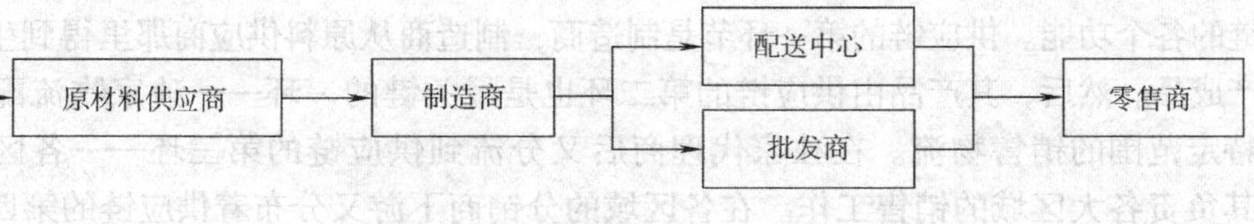

图 8-3　一般供应链的基本模式

小知识

供应链中的物流节点

在供应链网络中，结盟着许多节点企业，各企业之间存在着紧密的联系，环环相扣，节节相连，各自发挥着不同的功能作用，以确保供应链的良性运转。

2. 供应链管理的关键问题

供应链管理是一个很庞大很复杂的系统工程，它牵涉到方方面面的组织和协调。从横向的各种物流载体到纵向的各个供应商和购买商，都需要高度的协作和默契。总体来说，供应链管理的关键问题主要有以下几点：

（1）供应链管理的原则　供应链管理的原则是以客户为中心，实现贸易伙伴间密切合作，共享利益，共担风险；应用信息技术（标识 ID 代码、条码、POS 扫描及 EDI 电子数据交换等），实现供应链管理目标。

（2）供应链管理的目标　供应链管理的目标集中体现在：

1）市场需求的扩大，提供满足客户需求的完整的产品组合。

2）根据市场需求的多样化，缩短产品从生产到消费的周期。

3）根据市场需求的不确定性，缩短供给和需求两个市场的距离。

4）根据物流在整个供应链体系中的重要性，企业要克服各种损益，从而降低整个物流成本及物流费用水平，使货物在整个供应链中的库存下降，并且通过供应链中的各项资源（人力、市场、仓储、生产设备等）运作效率的提升，做到物尽其用、货畅其流。

（3）供应链管理的载体　供应链的载体是物流管理信息系统和物流配送中心。物流管理信息系统包含了企业内部网和外部网。内部网是企业内部财务、营销、库存等所有的业务环节的管理载体，能够使企业内部管理明细化。外部网的应用功能，包括与生产厂家各个部门的互联，以达到快速沟通、快速解问题的能力；同时，财务结算也要通过现代的电子方式实施联网；还包括代理商与下游企业间的订单体系、管理体系的实现。外部网将执行整个一体化的指令，包括物价指令、库存查询系统、网上培训系统等。通过公共浏览器可以浏览所有的公共信息，满足信息逆向的流动。

物流配送中心具有严格的计算机管理并且制订适应供应链的配送原则和管理原则。物流配送中心分为面向内部的和面向外部的两个作业部分，后者不仅仅是物流的配送流动，因为物流在流动过程中会产生相当多的信息流，包括订单的确认和发送。同时，对于一个单品来讲，既要面向本地区的区域市场也要面向外部市场，所以，内外物流中心要配合，要对产品的上下线做相应的管理工作。

（4）实现供应链管理的流程　供应链是一个整体，而不是由采购、制造、分销与销售等简单组合构成的一些分离的功能块。同时从供应链管理角度来看，其中的库存不一定是必需的，它只是起平衡作用的工具。所以供应链管理要求采用系统的、集成化的管理方法来统筹整个供应链的各个功能。供应链的第一环节是制造商，制造商从原料供应商那里得到生产资料后加工成产成品。然后，其产品由供应链的第二环也是最关键的一环——独家物流配送中心负责某一特定范围的销售物流。在独家代理商后又分流到供应链的第三环——各区域的分销商，由其负责各大区域的销售工作。在各区域的分销商下游又分布着供应链的第四环——众多的零售商，由它们销售给最终用户。这是供应链的最简单的基本构架。

五、供应链管理的方法

1. ECR方法

有效客户反应方法（Efficient Customer Response，ECR），是指以满足顾客要求和最大限度降低物流过程费用为原则，能及时做出准确反应，使提供的物品供应或服务流程最佳化的一种供应链管理策略。

ECR方法适用于功能型产品。功能型产品是指满足功能需要的产品，它的特点见表8-1。

表8-1　功能型产品的特点

项　目	特　点
产品变种	低，每类10~20种
产品提前期	6~12月
产品生命周期	大于2年
平均折价率	0%
平均脱销率	1%~2%
边际贡献率	5%~10%
预测误差	10%
需求情况	需求稳定，可以预测
竞争程度	竞争激烈

从上表中可以看到，功能型产品生命周期较长，不经常更新换代，竞争激烈，且边际利润较低。因为边际利润损失的计算公式为：边际利润损失=边际贡献率×脱销率。所以这类产品的供应链管理侧重于供应链流程优化，应创建有效的供应链，以此达到成本和效率的最优。

ECR方法的应用存在以下的要求：

（1）ECR方法的目的是以低成本向消费者提供高价值服务，从而获得供应链优势。这种高价值服务表现在更好的商品功能、更高的商品质量、品种齐全、更好的便利性等方面。ECR通过整个供应链整体的协调和合作来实现以低成本向消费者提供更高价值服务的目标。

（2）ECR要求供应链成员关系必须从传统的交易关系向双赢型联盟伙伴关系转化，使供需双方关系转化为双赢型联盟伙伴关系。

（3）ECR要求信息及时准确，同时要求利用行业EDI系统在组成供应链的成员间交换和分享信息。

(4) ECR要求产品从生产线下线的包装作业开始到送达消费者手中为止的商品移动过程产生最大的附加价值，使消费者在产生需求时能及时获得所需商品。

总之，有效顾客反应（ECR）是供应链各成员推进真诚合作来实现消费者满意和实现基于各成员利益的整体效益最大化的过程。

2. QR方法

快速反应（Quick Response，QR），是指供应链成员企业之间建立战略合作伙伴关系，利用EDI等信息技术进行信息交换与信息共享，用高频率小数量配送方式补充商品，以实现缩短交货周期，减少库存，提高顾客服务水平和企业竞争力为目的的一种供应链管理策略。

QR方法是供应链上的供应方对供应链信息及时收集、分析，做出向哪个需求方销售决策的供应链管理方法，它基于市场信息的及时反馈与利用。QR方法要成功实施，依靠以下的前提条件。

1）改变传统的经营组织和经营方式，加快对市场信息的反应。传统的经营方式依靠单个企业的力量获得市场，如果要应用QR方法管理，就需要改变这种方式，在供应链中与上下游厂商建立更为广泛的合作关系，努力利用各方资源来提高现代经营效率。

2）开发和应用现代信息处理技术。供应链成员应该开发适当的工具来对信息进行收集、分析并加以利用，把分析的数据用来支持其经营决策。这些处理技术包括商品条形码技术、物流条形码技术、电子数据交换等。

3）与供应链各成员建立战略合作伙伴关系。供应链是一个利益共存体，各成员之间应该建立战略合作伙伴关系。这里包含两个层面上的意思，一是寻找合适的供应链战略合作伙伴，将其包含进供应链中来；二是在现有的供应链成员中发展战略合作关系。在供应链合作伙伴中建立合理的分工协作关系，降低整条供应链的库存，同时避免缺货现象产生，降低缺货机会成本，这样将风险降低到各成员都能接受的程度。

4）供应链信息共享。信息共享是供应链管理成功的重要要求。供应链成员将自己的销售信息、成本信息、库存信息等都放到供应链上来，让所有供应链成员都能够及时得到相关的信息，有力地推动供应链的物流效率和生产效率。

QR方法适用于一些创新型的产品。创新型的产品是在功能型的产品上增加了特殊功能的产品，它的特点见表8-2。

表8-2 创新型产品的特点

项目	特点
产品变种	高，多达数万种
产品提前期	1～14天
产品生命周期	3～12个月
平均折价率	10%～25%
平均脱销率	10%～40%
边际贡献率	20%～60%
预测误差	40%～100%
需求情况	需求不稳定，很难预测
竞争程度	由于创新性而具有竞争优势，但很容易被模仿

边际利润损失的计算前面已经给出过。假设某创新型的产品的边际贡献率为60%，脱销率为35%，那么边际利润损失为60%×35%=21%，对此种商品需要高度柔性的供应链管理方法，用来对多变的市场做出迅速反应。

对于我国目前的企业状况，QR的应用方法如下：

1）首先要收集供应链信息，其中最重要的是销售终端的信息，这个信息反映了市场需求的变化。因此销售终端采用POS系统是QR方法的基本要求。建立EDI系统也是供应链传递、收集信息的途径。所以，建立POS系统和EDI系统是QR的第一步。

2）其次要制定供应链EDI标准和商品识别标准。在供应链成员中，大家都实行统一的商品识别标准。设计基于自身所在的供应链的数据传递格式，通过EDI系统向供应商传送POS数据。供应商分析从供应链终端传来的信息，了解商品的销售状况，把握市场的需求动向，及时调整生产计划和采购计划。

供应商利用EDI系统在发货之前向处在供应链当中的下游客户传送发货清单。这样，下游客户事先做好进货准备工作，同时省去进货数据输入工作，使进货检验作业更具有效率。下游客户利用扫描读取机器读取商品信息，通过读取的商品信息与预先传送过来的发货清单信息相对比，判断到货与发货清单是否一致。这样既能节约大量的时间和事务性作业成本，又能压缩库存，提高商品周转率。

3）最后需要进行供应链协作与信息互动。供应链下游成员把销售终端的进货和库存管理的职能转移到供应链上游的成员手中，由上游的供应商对供应链下游成员的库存进行管理和控制。采用供应商或生产商管理的库存方式。供应商或生产商对POS系统和EDI系统传递的数据进行分析，把握供应链的商品销售和库存动向。在这个基础上，决定什么时间，把什么类型商品，以何种方式向供应链下游客户配送商品，采用连续补充库存的方式进行补货。由于采用发货清单预先传送和连续补货手段，供应商或生产商不仅减少自己的库存，还减少了供应链下游的库存，从而使整个供应链的库存水平最低化。

因此，在供应链管理中，QR是供应链成员之间建立战略合作伙伴关系，利用EDI等技术进行供应链的信息交换，利用多批次小批量配送方式连续补充商品，以实现缩短交货周期，减少库存，提高顾客服务水平和企业竞争力为目的的供应链管理方法。

3. EOS方法

EOS方法是供应链在EDI基础上的一种管理方法。它是指供应链成员之间利用通信网络（Van或Web）和终端设备以在线连接（On Line）方式进行订货作业和订货信息交换的方法。EOS方法是随着电子商务的发展而出现的一种新型的供应链管理方法，它的组成几乎包括了供应链所有的成员（仅仅除了最末端的个体消费者），从原材料进入供应链到原材料变成产品送达消费者手中。EOS是基于增值网或互联网的供应链管理方法，也可以说它是一个小型的电子商务模式。因为供应链中的产品都是通过电子商务的方式实现物流生产与流通。但是EOS更重要的体现是对供应链的管理，降低整个供应链的成本，提高整个供应链的效率。此外EOS也可以自成一个系统，用来实现订单的无纸发送与接收。EOS的基本框架图如图8-4所示。

EOS方法能及时准确地在供应链中交换订货信息，它在供应链管理中的作用如下：

1）对于传统的订货（如上门订货、邮寄订货、电话、传真订货等），EOS方法可以缩短从接到订单到发出订货的时间，缩短订货商品的交货期，减少人工录入商品订单的出错

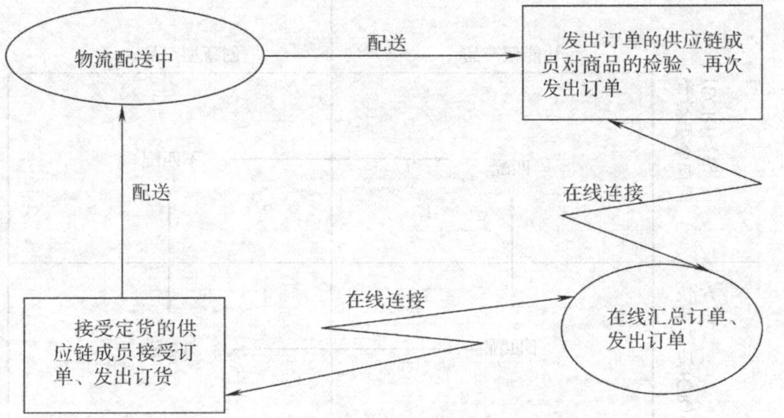

图 8-4 EOS 供应链管理方法结构图

率，节省人工作业的费用。

2）有利于减少供应链成员的库存水平，提高供应链成员的库存管理效率，同时也能防止商品特别是畅销商品缺货现象的出现。

3）对于供应链上游成员来说，通过分析成员的商品订货信息，能准确判断畅销商品和滞销商品，有利于供应链成员调整商品生产和销售的计划。

4）对于供应链下游成员来说，通过上游成员的缩短生产周期，自己的库存也降低，这就降低了库存成本。

5）有利于提高企业物流信息系统的效率，使各个业务信息子系统之间的数据交换更加便利和迅速，及时更新企业的经营信息。

EOS 方法的应用实施步骤：

1）首先将订货业务的作业标准化，制定 EOS 订货的统一标准，这是有效应用 EOS 方法的前提条件。

2）设计商品代码。在供应链中，越末端的商品越是采用单品管理的方式。而在单品管理方式中，每一个商品品种对应一个独立的商品代码，商品代码一般采用国家统一规定的标准。对于统一标准中没有规定的商品则采用供应链认可的商品代码。设计商品代码是应用 EOS 方法的基础条件。

3）设计和更新订货商品目录。订货商品目录的设计和运用关系到供应链订货信息交换的完整性，订货商品目录的更新关系到订货信息交换的及时性，这两者都是 EOS 方法成功应用的重要保证。

4）配置供应链设备。计算机和订货信息输入和输出终端设备是 EOS 方法成功实施的基础条件。需要配备一定的、必需的设备来应用 EOS 方法，并协调成员之间的供应链活动。

4. 如何选择有效顾客反应和快速反应方法

供应链成员在确定了自己的产品类型之后，可以利用判断矩阵为自己选择理想的供应链方法，如图 8-5 所示。

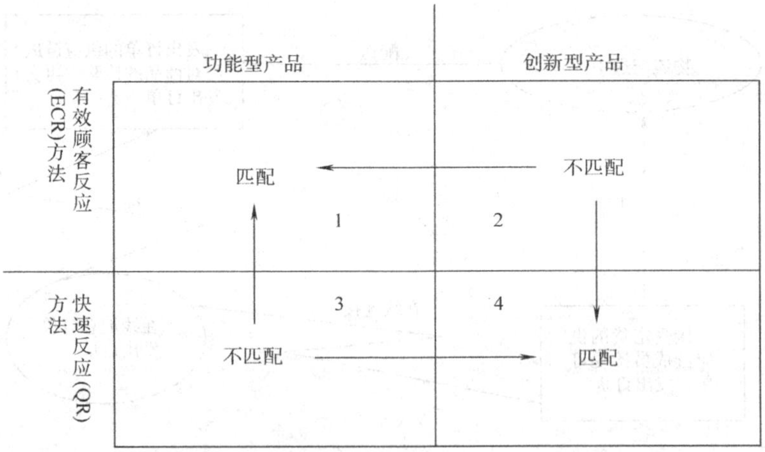

图8-5　选择有效顾客反应和快速反应方法的判断矩阵

利用这一个判断矩阵，企业就可以判断其产品类型与哪一种供应链管理方法很好地匹配。判断矩阵的4个方格代表了4种可能的产品与供应链管理方法的组合。匹配的组合应是：功能型产品对应有效顾客反应（ECR）供应链管理方法，创新型产品对应快速反应（QR）供应链管理方法。用快速反应（QR）供应链管理方法对功能型产品（第3方格）进行供应链管理，或者是用有效顾客反应（ECR）供应链管理方法对创新型产品（第2方格）进行供应链管理，都是不合理的。从这几十年的企业实际情况来看，第3方格的情况出现得很少很少。

第4方格代表采取快速反应（QR）供应链管理方法进行创新型产品的供应链管理。生产创新型产品的企业，如果运用快速反应（QR）供应链管理方法进行生产与销售，其在快速反应供应链中的投资回报率比在有效顾客反应供应链中的投资回报率要高得多。

第2方格的情况是常见的一种情况（供应链成员用有效顾客反应供应链管理方法对创新型产品进行供应链管理）。基于创新型产品有着较为可观的边际利润，尽管市场竞争日益激烈，越来越多的供应链成员还是不断地转向生产创新型产品，但是其供应链管理方法并未改变比如有一些计算机生产企业，在提供新产品时，由于仍采用原来的有效顾客反应（ECR）供应链管理方法，过于注重生产成本，追求库存最小化和批量采购价格，忽视对市场的反应，导致供货速度迟缓，灵活性下降，因为担心增加成本而不愿缩短交货提前期，从而造成交货速度太慢，不能及时响应每时每刻都在变化的市场需求，缺货损失很大，更糟糕的是竞争对手抢先占领了市场，造成难以估量的损失。

对于（第2方格）这种状况，如何改进呢？有两种办法改变这种状况。一种办法是向左平移，在供应链中将创新型产品变为功能型产品；另一种办法是向下垂直移动，实现从有效顾客反应（ECR）供应链管理方法向快速反应（QR）供应链管理方法的转变。而正确的改进办法取决于创新型产品所产生的边际利润和采用快速反应供应链管理方法所增加的成本的大小。当创新型产品所产生的边际利润大于采用快速反应供应链管理方法所增加的成本时，向下垂直移动，采用快速反应供应链管理方法。反之，则向左平移，将创新型产品变为功能型产品。

知识检验

一、填空题

1. 供应链（Supply Chain）就是由 Micheal Porter 的________理论发展而来。

2. 供应链由________、________、________、________四条链组成，这四条链是________关系。

3. 供应链的载体是________和________。

4. 供应链管理方法有________、________和________三种。

二、选择题

在一个组织内部，供应链包含了实现客户需求的所有职能，包括（　　）。

A. 新产品开发　B. 采购　C. 生产　D. 分销　E. 财务和客户服务

三、简答题

1. 简述供应链的组成和特点。

2. 你是如何理解供应链管理的目标的。

3. 应用快速反应（QR）供应链管理方法的前提条件是什么？如何应用？

课题二　供应链管理环境下的物流管理

一、供应链管理环境下的物流问题

企业竞争环境随着全球化的加强而不断变化，进而会导致整个企业的管理思想和手段发生转变。供应链管理的趋势越来越明显，物流的问题也随之出现了变化。新的竞争环境体现了企业间的竞争优势涉及因素的改变。成本优势、质量优势、交货时间优势的年代已经过去，现在的企业竞争优势转移到快速敏捷的物流和协调的供应链上来。在这种环境下，企业的竞争体现在如何以最快速度响应市场要求，满足顾客不断变化的多样化需求。企业必须能够在实时的需求信息下，快速组织生产资源，进行生产并把产品送到顾客手中。处于这样的供应链环境下的物流需要注重几方面的问题：

1. 物流企业的横向联盟思维

在供应链管理环境下，处于一条供应链上的物流企业不可能单独拥有足够的资源去完成整条供应链的物流需求，因此各个物流企业的联盟合作成为供应链管理成功运作的重要因素之一。通过物流企业的联盟，形成优势互补的供应链合作伙伴，分环节去实现供应链的整体协调功能。合作性与协调性是物流企业联盟的一个重要特点，但如果没有物流企业之间对整个供应链系统的无缝连接，运输的货物逾期未到，顾客的需求得不到及时满足，货物经常在途受阻，都会导致供应链管理下的物流合作大打折扣。因此，无缝连接的物流联盟是使供应链获得协调运作的前提条件。

2. 信息的共享应用

在传统的物流活动中，需求信息和供应信息都是逐级向上或者向下传递的。因此，上级供应商不能及时地掌握市场信息，越上级的供应商对市场的需求信息掌握得越少，从而导致对市场的反馈速度比较慢，最终扭曲了基本的最初的需求信息。供应链管理环境下的物流信息的流量大大增加，需求信息和反馈信息不再是单向的逐级传递，而是多向的网络式传递。

企业通过EDI/Internet较快地掌握供应链上不同环节的供求信息或者市场信息。共享信息的增加对供应链管理下的物流是非常重要的。由于信息共享，供应链上任何节点的物流企业都能及时地掌握到为市场提供及时的物流服务信息和整个供应链的运行情况，每个环节的物流信息都能与其他环节进行交流与共享，避免供应链上的信息失真现象。

3. 物流网络规划能力

传统的物流系统没有从整体角度进行物流网络规划，经常导致物流某个节点的库存不断增加，而另外一个节点出现需求时又无法满足的现象。供应链管理环境下的物流组织和网络能充分利用第三方物流、代理运输等多种形式的运输手段，有效降低了库存水平。同时物流网络的作业流程的快速重组能力极大地提高了整个供应链系统的敏捷性。再者通过消除不增值的过程和压缩运作时间，使供应链环境下的物流系统进一步降低成本，保障供应链的精细化运作基础。

4. 物流运作过程质量跟踪

供应链的信息共享能够使供应链上的物流企业获得及时的信息，对于运作过程的质量问题则应该进行过程跟踪并反馈给上一个物流环节的组织者。对信息跟踪能力的提高和对运作过程质量跟踪监控手段的更新，使供应链环境下的物流过程更加透明化，也为实时控制物流过程提供了条件。传统的物流系统中只能跟踪企业内部的物流过程，没能跟踪到企业外的物流过程。供应链上的物流就能够达到信息的共享和运作过程的质量跟踪。

二、供应链管理环境下物流的发展趋势

在供应链管理环境下，以低库存和最大限度的在途运输满足供应链需要的物流管理的核心价值体现得更充分。随着电子商务的逐步应用，物流在供应链管理环境下会出现以下的趋势：

1. 顾客服务的紧密度提高

没有形成供应链管理模式之前的物流管理大多数着重在企业内部作业的效率，对下游顾客仍以服务品质为主要管理重点。所以，评价物流管理绩效的指标一般都定义为订单周期响应速度，缺货率等。在供应链管理模式发展下，企业逐渐强调跨企业的整合和协作，使得顾客关系的维护与管理变得越来越重要。物流管理与客户的紧密度不断地提高，已经从简单的货物处理提升到货物的增值方案管理，为客户量身定制物流服务。物流企业和客户以各种方式增强紧密度。

2. 物流企业和客户的联合协作

物流由传统的企业单纯节约成本而不考虑物流企业的承受能力的模式转向联合协作的双赢模式。传统的企业对物流企业存在利益上的过度要求，往往造成企业间对立。未来的企业在供应链中为了获取更大竞争力，必然通过供应链与物流企业形成物流能力的功能整合，通过联合规划与协作，形成高度整合的供应链体系，使供应链整体绩效大幅提升。

物流的联合协作还包含供应链上各企业营运的整合。这种营运的整合不是功能的整合，而是程序的整合。企业在满足更快响应上下游顾客需要的前提下，必须有效整合各部门的营运程序，以程序式的操作系统来运作整个供应链的物流活动。供应链上的物流作业与活动大多数都具有跨功能、跨企业的特性，故程序式整合是物流管理成功的要件。

3. 物流资源需求由上游预测转向终端提供

传统的物流模式通过由上游预测下游物流流程所需的物流资源来进行各项物流作业活动，但是由于市场的变化，这样的预测很少有准确的，造成的浪费也是巨大的。供应链管理环境下的物流管理趋势是强调整条供应链成员的联合作业机制，物流资源的需求直接从终端需求向上传递，供应链各环节得到的需求都是满足市场的，不会造成需求的扭曲。

4. 物流由垂直整合转向虚拟整合

在传统物流中，一些大型企业依靠自身的物流资源进行物流过程（相当于销售通道）的垂直整合，以期对物流过程掌握有更大的力量。从20世纪70年代到90年代的企业实践证明这并不成功，不但分散了企业的资源，还削弱了企业的核心业务。供应链管理模式下，企业经营的趋势是专注核心业务，将非核心业务委托给专业管理公司。尤其是物流，更是要在供应链上分别委托给不同的第三方物流商完成整条链的物流活动。在委托关系上形成虚拟企业整合体系，使主体企业提供更好的产品和服务。在虚拟整合趋势下，供应链体系得以成功发展，物流产业也得到很大支持，得以配合主体企业商流之需，不断开发出新的增值服务项目，形成更专业的第三方物流，为市场、顾客提供更好、更多的增值服务。

5. 技能训练由个体训练转向知识学习

随着供应链管理模式应用的逐步成熟，未来的任何物流程序均以人力来完成。然而，物流作业大多数需要在各个物流节点和运输网络中进行，大约有90%的时间，物流管理者无法亲自到现场加以监控。加之全球化的发展趋势，给物流人力资源管理增加了复杂度。未来的物流管理者必须将现在以个别人员技能训练的方式转向知识基础的学习发展。物流管理的成功需要建立物流从业人员的关键知识能力。更多的物流管理和供应链管理知识来自现在的实践总结和积累。现在的基础操作知识形成各种媒体资料保存下来是适应未来物流发展的有效方式之一。技能训练更多的由物流管理者和操作者自己完成。

知识检验

简答题

1. 供应链环境下有哪些物流问题？
2. 供应链管理环境下物流的发展趋势是什么？

课题三　技能训练

任务描述

调查当地一家生产企业，了解该企业的供应链组成。公司在供应链管理过程中是如何做的。

任务目的

考核学生对企业供应链的了解程度。

任务实施

调查当地的生产企业，填写任务书。

任务书

学生姓名：________

生产企业名称：________________________

一、生产企业概况

1. 企业业务范围有哪些？

2. 主营产品有哪些？

3. 企业的供应商是谁？

4. 企业的客户是谁？

5. 在该企业内部，供应链包含了实现客户需求的（　　）职能。

A. 新产品开发　　B. 采购　　C. 生产　　D. 分销　　E. 财务和客户服务

二、采访一位生产企业负责采购的负责人

1. 受访人职位：____________

2. 采购环节中是否出现过因原料问题导致不能按计划生产的情况？如果有，有哪些应对策略？

三、采访一位生产企业负责销售的负责人

1. 受访人职位：____________

2. 销售环节中产品配送如何做到合理安排？如何做到高效率、低成本？

四、访后感

谈谈参观生产企业之后对供应链的认识，以及面对供应链管理环境下的物流问题，有什么好对策？

任务评价

项目（或任务）编号			学时		学生姓名			总分	
类别	序号	评价项目	评价内容及要求	评价标准	配分	学生自评	学生互评	教师评价	得分
岗位技能评价	1	任务书完成程度	能够完成任务书	不能完成无分	30				
	2	运用知识能力	能够准确填写任务书	不能准确填写无分，能准确填写一部分减分	30				
	3	完成时间	按时完成任务	不按时完成无分	10				
职业素质评价	4	安全生产	遵守企业安全操作规程	不遵守有关规定减分	10				
	5	文明生产	遵守实训室文明生产规则	不遵守有关规定减分	10				
	6	沟通交流	积极主动性强	不积极沟通减分	5				
	7	团队合作	合作参与意识好	合作不好减分	5				

注：按学生自评占20%、学生互评占30%、教师评价占50%计算总分。

任务小结

授课班级		授课时间		授课地点	
授课教师			任务名称		
学生表现					
存在问题及改进方法措施					

任务拓展

IBM 的供应链管理

供应链管理的实现，是把供应商、生产厂家、分销商、零售商等在一条供应链上的所有节点企业都联系起来进行优化，使生产资料以最快的速度，通过生产、分销环节变成增值的产品，到达有消费需求的消费者手中。这不仅可以降低成本，减少社会库存，而且使社会资源得到优化配置，更重要的是通过信息网络、组织网络实现了生产及销售的有效连接和物流、信息流、资金流的合理流动。

计算机产业的戴尔公司在其供应链管理上采取了极具创新的方法，体现出有效的供应链管理比品牌经营更好的优越性。戴尔公司的成功为其他电脑厂商树立了榜样，使他们目睹了戴尔公司的飞速成长过程。作为戴尔的竞争者之一，IBM 过去倾向于根据库存来生产计算机，由于其制造的产品型号繁多，常常发现在有的地区存储的产品不合适，丧失了销售时机。计算机业面临的另一问题是技术上的日新月异，这意味着库存会很快过时，造成浪费。为解决这些问题，IBM 和产业界的其他众多计算机厂商正在改变其供应链，使之能够适应急剧变化的市场环境。

通过实施供应链管理，IBM 公司生产的盲目性得到避免，完整的欧洲区供应链管理系统所带来的益处是：帮助 IBM 随时掌握各网点的销售情况，充分了解、捕捉与满足顾客的真正需求，并且按照订单制造、交货，没有生产效率的损失，在满足市场需求的基础上，增进了与用户的关系；能全面掌握所有供应商的详细情况；合理规划异地库存的最佳水平；合理安排生产数量、时间及运输等问题；合理调整公司的广告策略和价格政策；网上订货和电子贸易；可随时把电脑的动态信息告诉每一位想了解的顾客；并减少了工业垃圾和制造过程对环境的破坏。

问题讨论：

IBM 的供应链管理体现了供应链的什么特点？你如何理解供应链管理的意义？

单元九　现代物流与电子商务

知识目标

1. 掌握电子商务与物流的关系。
2. 了解电子商务环境下物流的发展趋势。

技能目标

- 质量要求：能理解电子商务与物流的关系。
- 方法要求：能运用辩证的观点看待物流与电子商务的关系。
- 安全要求：严格按照任务流程实施任务，程序不紊乱。
- 文明要求：能按照任务要求实施活动，自觉合作完成任务。
- 任务完成时间要求：6 学时。

案例导入

“因为天气原因，5 天前发的货到现在买家还没收到。”持续多日的雨雪天气不仅影响了人们的日常生活，其造成的物流不畅也波及网络购物行业。在淘宝、易趣等知名大型网购平台上，成都的许多卖家纷纷贴出公告，表示“对于延迟到货所带来的不便，请见谅”。

“最近的大雪使铁路路线受灾，再加上过年又是春运高峰，我们发的货总是不能及时到达买家手中。”一位名叫“两个天使”的成都卖家表述。记者调查发现，为了避免普通邮递和民营快递延迟的情况，许多网上卖家已经发出公告，在春节期间只采用 EMS（邮政特快专递）形式进行发货。当然，这样的价格也高了不少。从一些网店所发公告可以看出，由于物流受阻而决定春节期间关闭网上店铺的也大有人在。

问题

物流与电子商务有什么关系呢？

课题一　现代物流与电子商务概述

一、电子商务的概念与应用模式

电子商务是指交易当事人或参与人利用网络技术等现代信息技术所进行的各类商务活动。

电子商务模式是指企业运用互联网开展经营取得营业收入的基本方式；传统的观点是将企业的电子商务模式，归纳为 B2C（Business to Consumer）、B2B（Business to Business）、

C2C（Consumer to Consumer）、B2G（Business to Government）四种经营模式。

1. 企业与消费者之间的电子商务

企业与消费者之间的电子商务（Business to Customer，即B2C）方式是消费者利用Internet直接参与经济活动的形式，类同于商业电子化的零售商务。随着因特网的出现，网上销售迅速地发展起来，其代表是亚马逊电子商务模式。

B2C就是企业透过网络销售产品或服务给个人消费者。企业厂商直接将产品或服务推上网络，并提供充足的资讯与便利的接口吸引消费者选购，这也是目前最常见的作业方式，如网络购物、证券公司网络下单作业、一般网站的资料查询作业等，都是属于企业直接接触顾客的作业方式。

2. 企业与企业之间的电子商务

企业与企业之间的电子商务（Business to Business，即B2B）方式是电子商务应用最多和最受企业重视的形式，企业可以使用Internet或其他网络对每笔交易寻找最佳合作伙伴，完成从定购到结算的全部交易行为，其代表是马云的阿里巴巴电子商务模式。

B2B是指以企业为主体，在企业之间进行的电子商务活动。B2B是电子商务的主流，也是企业面临激烈的市场竞争、改善竞争条件、建立竞争优势的主要方法。开展电子商务，将使企业拥有一个商机无限的发展空间，这也是企业谋生存、求发展的必由之路，它可以使企业在竞争中处于更加有利的地位。B2B将会为企业带来更低的价格、更高的生产率和更低的劳动成本及更多的商业机会。

B2B主要是针对企业内部以及企业（B）与上下游协力厂商（B）之间的资讯整合，并在互联网上进行的企业与企业间交易。借由企业内部网（Intranet）建构资讯流通的基础，及外部网络（Extranet）结合产业的上中下游厂商，达到供应链（SCM）的整合。因此透过B2B的商业模式，不仅可以简化企业内部资讯流通的成本，而且可使企业与企业之间的交易流程更快速、减少成本的耗损。

3. 消费者与消费者之间的电子商务

消费者与消费者之间的电子商务（Consumer to Consumer，即C2C）平台就是通过为买卖双方提供一个在线交易平台，使卖方可以主动提供商品在网上拍卖，而买方可以自行选择商品进行竞价，其代表是eBay、淘宝电子商务模式。

C2C是指消费者与消费者之间的互动交易行为，这种交易方式是多变的。例如，消费者可同在某一竞标网站或拍卖网站中，共同在线上出价而由价高者得标。或由消费者自行在网络新闻论坛或BBS上张贴布告以出售二手货品，甚至是新品，诸如此类因消费者间的互动而完成的交易，就是C2C的交易。

目前竞标拍卖已经成为决定稀有物价格最有效率的方法之一，只要需求面大于供给面的物品，就可以使用拍卖的模式决定最佳市场价格。拍卖会商品的价格因为欲购者的彼此相较而逐渐升高，最后由最想买到商品的买家用最高价买到商品，而卖家则以市场所能接受的最高价格卖掉商品，这就是传统的C2C竞标模式。

4. 企业与政府之间的电子商务

企业与政府之间的电子商务（Business to Government，即B2G）涵盖了政府与企业间的各项事务，包括政府采购、税收、商检、管理条例发布，以及法规政策颁布等。政府一方面作为消费者，可以通过Internet发布自己的采购清单，公开、透明、高效、廉洁地完成所需物品的采购；另一方面，政府对企业宏观调控、指导规范、监督管理的职能通过网络以电子商务方式能更充分、及时地发挥。借助于网络及其他信息技术，政府职能部门能更及时全面地获取所需信息，做出正确决策，做到快速反应，并且能迅速、直接地将政策法规及调控信息传达于企业，起到管理与服务的作用。在电子商务中，政府还有一个重要作用，就是对电子商务的推动、管理和规范作用。

二、电子商务与物流的相互影响

1. 电子商务对物流的影响

（1）电子商务将促进现代物流业量的扩大

1）电子商务推动经济发展而间接产生的物流需求。经济发展本身可以直接产生物流需求，物流总量是与经济总量成正比的，发达国家的物流成本与 GDP 之比大概为 10% 左右，而发展中国家以中国为例则可以占到 18% 左右。电子商务极大地推动了全球经济的发展，在电子商务推动全球经济总量增加的同时，必然会创造巨大的物流需求。

2）电子商务活动直接产生的物流需求。电子商务活动中，除了极少数的数字化产品如书籍、音像等可以通过网络直接传输之外，绝大部分商品仍然有赖于物流配送，物流是实现电子商务的保证。因此，电子商务活动的过程中，有着广泛的物流需求。

（2）电子商务将改变物流企业的经营形态

1）电子商务将改变物流企业对物流的组织和管理。在传统经济条件下，物流往往是对某一企业进行组织和管理，而电子商务则要求企业从整个社会的角度来实行物流系统的组织和管理，以打破传统物流分散的状态。这就要求企业在组织物流的过程中不仅要考虑本企业的物流组织和管理，而且要考虑社会的整体系统。

2）电子商务还将改变物流企业的竞争状态。在传统经济活动中，物流企业之间存在激烈的竞争，这种竞争往往是依靠本企业提供优质服务、降低物流费用等来进行的。在电子商务时代，这些部分内容虽然依然存在，但有效性却大大降低了，原因在于电子商务需要一个全球性的物流系统来保证商品实体的合理流动。对于一个企业来说，即使它的规模再大，也是难以达到这一要求的。这就要求物流企业应相互联合起来，在竞争中形成一种协同竞争的状态，以实现物流高效化、合理化、系统化。

（3）电子商务将促进现代物流业质的提高

1）电子商务有利于物流基础设施的改善。物流基础设施是组织物流系统运行的基础条件，包括公路、铁路、机场、港口、码头、货场、物流中心、仓库、物流线路、物流装备及物流网络等。电子商务具有高效迅速、全球化的特点，物流作为电子商务的重要环节之一，也必须具备上述特点。而物流要具备上述能力，必须以迅速高效、四通八达的运输网络、配送网络和信息网络为前提。因此，电子商务的发展，将会推动物流基础设施的改善。

2）电子商务将促进物流技术水平的提高。物流技术指现代物流运行与管理过程中采用的信息技术与操作技术。物流技术水平的高低决定着物流效率的高低，电子商务需要高效运作的物流体系。电子商务的发展将大大促进物流技术的现代化进程，具体表现在以下两个方面：一是各种先进物流信息技术的广泛应用；二是物流操作技术的全面进步。

（4）电子商务将促进物流管理水平的提高　电子商务的顺利进行要求有高效的物流做保证，而物流管理水平的高低又直接影响并决定着物流效率的高低，因此，发展电子商务有利于物流管理水平的提高，与之相辅相成。

（5）电子商务对物流人才提出了更高的要求　电子商务不仅要求物流管理人员具有较高的物流管理水平，而且也要求物流管理人员具有较高的电子商务知识，并在实际的运作过程中，能有效地将二者有机地结合在一起。

2. 物流对电子商务的影响

首先，物流业的发展是电子商务发展的保障。从企业的角度来看，高效的物流体系能带来更少的物流成本和更高的服务水平；从客户角度来看，大多数产品实体的最终交付都要通过物流系统来完成。如果物流运作效率低下，那么电子商务的诸多优势就无法体现出来。没有物流业的支持，电子商务就只能成为空中楼阁，无法发挥作用。

其次，物流能够扩大电子商务的市场范围。我国加入世界贸易组织（WTO）后，电子商务的应用将更加重视跨区域物流，只有建立完善的物流系统，才能解决电子商务中跨国物流、跨区物流可能出现的问题，才能扩大电子商务的市场范围。

最后，物流能够提高电子商务的效率与效益，从而支持电子商务的快速发展。通过快捷、高效的信息处理手段，电子商务能较容易地解决信息流、商流和资金流的问题。但只有将商品及时送到用户手中，即完成商品的空间转移，才标志着电子商务过程的结束。因此，物流系统的效率高低是电子商务成功与否的关键，只有高效率的物流系统，才有高效率的电子商务，才能支持电子商务的快速发展。

知识检验

一、选择题

1. B2C 是指（　　）。

A. 企业与消费者之间的电子商务　　B. 企业与企业之间的电子商务

C. 消费者与消费者之间的电子商务　　D. 企业与政府之间的电子商务

2. B2C 中的 B 是指（　　）。

A. 企业　　B. 消费者　　C. 政府　　D. 行业协会

二、简答题

简述物流对电子商务的影响。

课题二　我国电子商务环境下物流业的发展

一、我国电子商务环境下物流业发展存在的问题

电子商务环境下的物流是一种发达的物流形式，它是建立在现代信息技术和先进的管理思想基础上的集约化物流动作方式。结合我国的实际情况，我国电子商务环境下物流业发展存在的问题主要有：

1. 物流发展不平衡

物流发展不平衡表现在两个方面，一是地区发展不平衡，东部沿海地区的物流发展水平明显强于中西部地区，在 2010 年度的中国物流百强企业中，东部地区有 87 家，而中西部地区仅有 13 家。排名前 10 名的物流企业，仅一家来自中西部地区，其他全部来自东部地区。二是城乡发展不平衡，农村物流发展滞后。目前，农村交通网络还不够发达，农村物流设

施、设备落后，造成我国农村物流效率低。这种不平衡大大影响了电子商务的影响范围，例如，在《2011中国农村电子商务调研报告》中指出，农村很多地方物流体系都尚未完善等问题是今后在农村发展电子商务急需解决的问题。

2. 我国企业在物流方面的信息化水平普遍较低

因特网的迅速发展和应用为全社会物流信息系统的建设提供了坚实的基础，而我国的企业却没有充分利用这一点，存在一些实施上的问题。为此，我们在物流信息化的建设中，一方面要改变当前企业只重视硬件设备配置而忽视软件技术应用的现象；另一方面要改变当前企业只注重企业内部信息化建设而忽视利用因特网进行全面系统的信息化建设的状况。

3. 物流服务质量不高

受我国物流技术装备、从业人员素质等方面的限制，物流企业的服务质量不高。完成对客户高质量的服务承诺，需要企业拥有先进的技术装备和高素质的从业人员，而我国物流企业以民营企业居多，实力有限，许多中小城市的物流企业就是几部货车组成的运输公司。在这些条件下，服务质量难以得到提高。

二、我国电子商务环境下现代物流的发展趋势

（1）信息化　物流活动中产生的信息将被有效地利用起来，EDI等技术的日益成熟和广泛使用，令物流信息从获取、存储到开发，利用的效率都大大提高，信息化是物流业发展的趋势。

（2）网络化　网络化是现代物流区别于传统物流的重要特征，蓬勃发展的互联网把物流企业和上游供应商及下游客户广泛地联系到一起，各种信息化技术给物流网络的发展带来了强有力的支撑。现在已经实现了客户对订购商品的实时查询功能，消费者足不出户就可以知道自己的货物正在哪个运输环节上、还有多长时间能够交付等问题。

（3）智能化　智能化是建立在信息化、网络化之上的更高层次运用。物流系统中存在大量的决策问题，决策支持系统是在大量的专业知识和科学的计算方法基础上建立起来的智能化工具，在物流业中发挥着越来越重要的作用。比如仓库的选址、库存水平的确定、运输路径的选择等，这些都需要通过智能化的工具来实现。物流智能化正成为电子商务环境下物流业发展的一个新趋势。

（4）柔性化　柔性化是客户至上理念的集中体现，客户的需求多种多样，很难用统一的产品或服务来满足所有的顾客，但是在日益激烈的竞争环境下，谁能够满足客户多样化的需求，谁就能够生存，电子商务让这成为了可能。电子商务可以提高企业与客户之间的沟通，让企业更快更全面地了解市场需求，使企业可以根据消费需求多品种、小批量、多批次、短周期的特色，灵活安排生产和物流计划。柔性化是现代物流业发展的新特点。

知识检验

一、填空题

1. 物流发展不平衡表现在________________和________________两方面。
2. ________是现代物流区别于传统物流的重要特征。
3. ________是客户至上理念的集中体现。

二、简答题

1. 我国电子商务环境下物流业发展存在哪些问题？
2. 简述我国电子商务环境下现代物流的发展趋势。

课题三 技能训练

任务描述

在使用淘宝电子商务平台购物时，分小组讨论物流对购物有哪些方面的影响，并展示结果（说明：其他购物网站也可）。

任务准备

三人一组，一人为组织者，组织讨论；一人为记录者，记录发言；一人为讲述者，讲述自身的购物经历。

任务实施

在淘宝上进行购物，并进行小组讨论，完成小组讨论展示表。

小组讨论展示表

小组成员

讲述者：　　　　　　组织者：　　　　　　记录者：

1. 描述淘宝购物过程。

2. 淘宝购物时，是如何选择物流公司的？

3. 据此，你们认为物流公司应最注重哪方面的管理？

A. 降低价格　　　　　　B. 送货更快捷

C. 丰富服务项目　　　　D. 其他

4. 作为购物者，你们最希望物流方面能增加怎样的服务项目？

5. 给淘宝公司或淘宝的商户提一个关于物流方面的建议，告诉他们应该怎样做，工作就可以做得更好。

任务评价

项目（或任务）编号			学时		学生姓名		总分	
类别	序号	评价项目	评价内容及要求	评价标准	配分	学生自评	学生互评	教师评价	得分
岗位技能评价	1	完成程度	能够完成展示表	不能完成无分	30				
	2	运用知识能力	能够准确填写展示表	不能填写无分，能填写一部分减分	20				
	3	完成时间	按时完成任务	不按时完成无分	10				
	4	可操作性	所提建议有可操作性	建议不合理减分	10				
职业素质评价	5	安全生产	遵守企业安全操作规程	不遵守有关规定减分	10				
	6	文明生产	遵守实训室文明生产规则	不遵守有关规定减分	5				
	7	沟通交流	积极主动性强	不积极沟通减分	5				
	8	团队合作	合作参与意识好	合作不好减分	10				

注：按学生自评占20%、学生互评占30%、教师评价占50%计算总分。

任务小结

授课班级		授课时间		授课地点	
授课教师			任务名称		
学生表现					
存在问题及改进方法措施					

任务拓展

72小时网络生存测试

1999年9月3—6日，一个叫“梦想家”的网站组织并推出了一项名为“72小时网络生存测试”的活动。活动的大致安排是：从北京、上海、广州的志愿报名者中选出12名网络冲浪者，以北京、上海和广州的酒店作为测试场地，场地内部除了基本的起居设备、沐浴设备外，仅摆放一台上网电脑和用于记录测试过程的摄影机及WebCam。9月3日13：00，所有测试者将同时进入三地的测试场地，在生存72小时后，即9月6日的13：00离开测试场地。测试开始前，所有参加者将接受全面的心理和身体检查，并只能携带三日换洗衣物、眼镜及由主办者提供的文件袋。文件袋内有记录用笔、记录表格、信用卡说明、1500元现金、ISP账号及生存地址的搜索办法说明，其他物品将由工作人员保管。测试开始后，测试者不能离开测试房，如果离开，此人的测试自动终止。测试期间参赛者不得破坏房间内部一切设备，也不能通过除因特网沟通外的其他一切方式获得外界的帮助。

比赛的组织者王峻涛说。72小时（3天）的时间，发出的10000多个订单中送到测试点的货仅有33个，不到0.4%。其中有效订单仅有1/3，大部分是抱着试试看的心理。有两个订单来自上海的测试点，但因为是用中国银行的借记卡，结算时间长，最终没有成功；而广州的货款就根本划不过来。

王峻涛说，此次生存测试中测试者的水平参差不齐，在北京的测试者，有人拿着招商银行的一网通电子货币就是不会用，为此“8848不得不专门在BBS上手把手教他们使用”。

最后的事实是，11个人买到了东西。我们最后的一次送货居然动用了酒店的行李车而不是开始的手提袋，生存测试几乎成了突击购物测试。

在这次测验中一个突出的问题便是物流配送问题，尤其是用户费尽周折在网上订购之后的漫长等待，使电子商务的跨时域优势丧失殆尽。目前电子商务的物流瓶颈在我国主要表现是，在网上实现商流活动之后，没有一个有效的社会物流配送系统对实物的转移提供低成本的、适时的、适量的转移服务。配送的成本过高、速度过慢是偶尔涉足电子商务的买方最为不满的问题。物流本身发展滞后，和电子商务的发展相比，即便是发达国家的物流，其发展速度也难以和电子商务的发展速度并驾齐驱。在我国，物流更是处于经济领域的落后部分，一个先进的电子商务和一个落后的物流，形成非常鲜明的对比。这种现象严重制约了电子商务的发展。

问题讨论：

1. 分析案例，谈谈物流对电子商务的影响？
2. 你认为电子商务的发展对物流提出了怎样的要求？

参考文献

[1] 田宇. 物流管理 [M]. 广州：中山大学出版社，2013.

[2] 王健. 现代物流概论 [M]. 2 版. 北京：北京大学出版社，2012.

[3] 王欣兰. 现代物流管理概论 [M]. 北京：清华大学出版社，北京交通大学出版社，2007.

[4] 刘伟. 物流管理概论 [M]. 3 版. 北京：电子工业出版社，2011.

[5] 王成. 现代物流管理实务与案例 [M]. 北京：企业管理出版社，2002.

[6] 李苏剑，游战清，胡波. 企业物流管理理论与条例 [M]. 北京：机械工业出版社，2002.

[7] 钱延仙，侯思画. 现代物流管理 [M]. 南京：东南大学出版社，2003.

[8] 徐哲一，武一川. 物流管理十课堂 [M]. 广州：广东经济出版社，2004.

[9] 王晓东，胡瑞娟. 现代物流管理 [M]. 北京：对外经济贸易大学出版社，2001.

[10] 李建成，彭麟. 现代物流概论 [M]. 北京：中国财政经济出版社，2002.

[11] 洪水坤，陈梅君. 物流运作案例 [M]. 北京：中国物资出版社，2002.

[12] 宋华. 现代物流与供应链管理案例 [M]. 北京：经济管理出版社，2001.

[13] 靳伟. 最新物流讲座 [M]. 北京：中国物资出版社，2003.

[14] 刘联辉. 配送实务 [M]. 北京：中国物资出版社，2004.

[15] 陈志红. 运输组织技术 [M]. 北京：人民交通出版社，2003.

[16] 施建年. 物流配送 [M]. 北京：人民交通出版社，2003.

[17] 王蓓彬. 现代仓储管理 [M]. 北京：人民交通出版社，2003.

[18] 葛光明. 配送与流通加工 [M]. 北京：中国财政经济出版社，2003.

[19] 翟光明. 仓储实务 [M]. 北京：中国财政经济出版社，2003.

[20] 沈文，云俊，邓爱民. 物流与供应链管理 [M]. 北京：人民交通出版社，2003.

[21] 王明智. 物流管理案例与实训 [M]. 北京：机械工业出版社，2003.

[22] 刘斌. 连锁物流 [M]. 北京：高等教育出版社，2001.

[23] 徐克林. 物流工程与管理 [M]. 上海：上海交通大学出版社，2003.

[24] 孙秋菊. 现代物流概论 [M]. 北京：高等教育出版社，2003.

[25] 包健民. 物流现代化 [M]. 上海：上海交通大学出版社，2001.

[26] 俞仲文，陈代芬. 物流配送技术与实务 [M]. 北京：人民交通出版社，2002.

[27] 孟祥如，吕延昌，孙学琴. 现代物流管理 [M]. 北京：人民交通出版社，2002.

[28] 曾剑，王景锋，邹敏. 物流基础 [M]. 北京：机械工业出版社，2003.

[29] 物流标准远远滞后于经济发展制约了行业发展 [EB/OL]. [2004-11-18]. http://info. jctrans. com/xueyuan/wlyt/wlhbz/2004111864243. shtml.

[30] 台湾茂永公司巩固物流客户的做法 [EB/OL]. [2004-11-26]. http://club. china. alibaba. com/forum/thread/view/33 2620287. html.

[31] 青岛啤酒集团的仓储管理 [EB/OL]. [2007-3-3]. http://www. hywuliu. com/display. asp? keyno = 879.

[32] 宅急便 [EB/OL]. http://baike. baidu. com/view/301989. htm.

[33] 保定运输集团如何向现代物流企业转型 [EB/OL]. [2004-7-29]. http://www. chinawuliu. com. cn/cflp/newss/contentl/200407/764 14338. html.

[34] 沃尔玛成功的利器——物流配送 [EB/OL]. [2008-06-24]. http://www. all56. com/www/53/2008-06/

11307. html.

[35] 在国际市场“掘金”的物流包装师 [EB/OL]. [2007-12-19]. http://www, ek63. com/jtys/2007/12/25484. shtml.

[36] UPS 联合速递公司的技术 [EB/OL]. [2008-06-10]. http://www. exdak. com/cms/article/article1933. html.

[37] IBM 的供应链管理 [EB/OL]. [2007-4-19]. http://www. amteam. org/print. aspx? id = 557716.